KB273100

변화 속의 기회

박창용 지음

모아북스
MOABOOKS

저자 소개

박창용 | 현재 성공한 사람들의 모임인 「JUST ONE」 모임의 대표로 있으며, 마음 속에 항상 사라지지 않는 질문과 '어떻게 해야 더 많은 사람들이 행복해 질 수 있을까'를 고민하며 넓은 세상 가운데 88만원 세대 탈출구를 위해 고심분투하며 이 책을 쓰게 되었다.

변화 속의 기회

1판 1쇄 인쇄 | 2009년 12월 25일
1판 3쇄 발행 | 2015년 03월 23일

지은이 | 박창용
발행인 | 이용길

발행처 | 모아북스 MOABOOKS
영업 | 권계식
관리 | 윤재현
디자인 | 이룸

출판등록번호 | 제 10-1857호
등록일자 | 1999. 11. 15
등록된 곳 | 경기도 고양시 일산동구 호수로 358-25, 519호(백석동, 동문타워 2차)
대표 전화 | 0505-627-9784
팩스 | 031-902-5236
홈페이지 | http://www.moabooks.com
이메일 | moabooks@hanmail.net
ISBN | 978-89-90539-68-7   03320

목차

사람들은 성공한 이들의 강력한 눈빛에 환호하지만
그들이 걸어온 길은 보지 못했습니다.

사람들은 피겨의 여왕 김연아의 화려한 동작에 감탄하지만
숨겨진 그녀의 끈질긴 노력은 확인하지 못했습니다.

묻습니다, 이 책을 펼친 당신에게,
당신은 꿈을 이루기 위해 무엇을,
얼마나 했느냐고…….

성공한 이들의 숨겨진 열정을 당신에게
전해드리고 싶어 이 책을 드립니다.

당신의 삶이 행복할 수 있도록
당신의 소중한 꿈이 실현될 수 있도록
앞으로 늘 든든한 힘이 되겠다고 약속드립니다.

_______________________________ 님께

_______________________________ 드림

연락처: _______________________________

가능성에 도전할 수 있는 최고의 기회

요즘 들어 주변에 어려운 사람들이 더 많아졌습니다. 아무리 열심히 일해도 원하는 만큼의 생활을 꾸려가기 힘든 사람들의 이야기가 하루가 멀다 하고 신문에 등장합니다. 그렇다면 어째서 이런 시련들이 우리에게만 닥쳐온 걸까요?

2008년 미국에서 시작된 경제위기는 우리 모두에게 힘든 시간을 안겨주었습니다. 1998년 IMF를 겪은 지 불과 10년 만에 벌어진 일이었습니다. 좀 더 나은 삶을 꿈꾸며 노력하던 이들조차 두 번째 터진 이 경제위기로 인해 더 큰 어려운 위기를 겪고 있습니다. 아주 먼 원시시대에는 자연재해 같은 예상치 못한 재앙들이 가장 무서운 적이었습니다. 그러나 지금은 달라졌습니다. 현대과학의 발전으로 질병과 기후예상까지 가능해진 이 시대에는 급속도로 변화하는 국제 환경, 갑작스러운 경제 위기처럼 눈에 보이지 않는 재앙들이 우리의 삶을 위협하고 있습니다.

물론 이런 상황들은 대부분의 사람들에게는 두려움입니다. 하지만 또 하나 중요한 것은 이런 어려운 상황에서도 여전히 희망을 잃지 않고 나아가는 사람들도 분명 존재한다는 것입니다. 그들은 시대의 흐름을 읽고 변화와 적응이야말로 21세기에 반드시 필요한 생존 능력이라고 말합니다. 그들은 무조건 재앙을 피하려고만 하는 대신 변화 속에서 발생되는 기회를 잡아 새로운 삶에 도전합니다. 이처럼 어려운 시대에 성공한 사람들은 한결같이 세상에 위기로만 존재하는 위기는 없다고 말합니다. 위기라는 것은 반드시 변화를 동반하게 마련이고, 이 변화는 또다시 기회를 함께 몰고 온다는 것입니다.

그렇다면 우리가 살고 있는 이 현실은 과연 경제 위기 전과 어떻게 달라졌을까요? IMF 전만 해도 우리 사회의 성공

공식은 매우 수직적이었습니다. 예를 들어 든든한 학벌을 가졌거나 집안이 좋거나, 자산이 많으면 누구나 성공할 수 있었습니다. 그러나 지금은 어떻습니까?

당장 뉴스만 봐도 세상이 달라졌다는 것을 느끼게 됩니다. 아무리 좋은 학벌이 있어도 취업하지 못하는 이들이 수두룩하고, 집안 좋다는 건 옛날 이야기에나 어울리는 말이 되어버렸습니다.

또한 아무리 많은 자산을 가졌어도 지식과 현실적인 경제분석이 없이 자본만 투자하다가는 금방 망하게 됩니다.

그러나 이 모든 것들을 통틀어 가장 큰 변화는 우리들의 평생직장이 사라졌다는 것입니다. 이제는 누구도 직장에서 안정적인 수입을 기대하며 살아갈 수 없게 되었습니다. 그보다는 시대의 흐름에서 사업의 아이템을 찾고 진정한 실력과 전문적 지식을 쌓아가는 이들이 더 성공하는 세상이 되었습니다.

다시 말해 수직적인 틀 속에 갇혀 있던 성공 공식이 능력 위주의 수평적 형태로 변화하고, 한 사람의 노력과 열정, 한 분야에 대한 정통한 지식과 기술이 학벌이나 자본보다 더 큰 가치를 가지는 시대가 다가온 것입니다.

이런 상황에서 여러분은 어떤 준비를 하고 계시는지요? 현재 급변하는 이 세상은 새로운 도전의 기회들이 많이 생겨나고 있습니다. 그러나 이런 변화를 눈치 채고 있는 사람은 과연 얼마나 될까요?

물론 우리의 하루하루는 너무나 바쁘게 지나갑니다. 그러다 보니 주변을 둘러보고 흐름을 읽고 새로이 도전할 수 있는 분야는 없는지 살펴보는 일조차 쉽지 않습니다.

때문에 대부분은 당장의 작은 이익이나 안정에 매달려 시대의 흐름이 제시한 도전의 기회를 잊고 맙니다. 아마 매일 아침 러시아워 전철을 타본 분들이라면 잘 아실 것입니다. 피곤에 찌들어 전철을 타는 이들의 얼굴에는 하루를 시작하는 기쁨도 생기도 찾아볼 수 없습니다.

하지만 바쁜 일정에서 벗어나 조금만 더 자신에 대해 깊이 생각해보면, 분명히 우리에게는 원대한 꿈이 있었다는 걸 기억하게 됩니다. 어린 시절 스케치북에 그렸던 햇살 가득한 풍경, 가족들과 행복하게 웃는 장면, 조금 더 자유로운 인생, 조금 더 풍요로운 삶, 이 모든 것들이 정말 잡을 수 없는 꿈인 것이었을까요?

이 책은 우리가 꿈꾸었던 그 자유로운 인생과 꿈이 결코 불가능하지 않다는 것을 말하기 위해서 쓰여졌습니다. 또한 어려울 때일수록 한 사람의 도전과 용기가 빛을 발한다는 것을 보여주고 새로운 도전의 기회를 제공하는 데 목적이 있습니다.

여러분에게는 '삶' 이라는 한없이 넓은 바다를 가장 알차고 행복하게 항해할 수 있는 힘이 있습니다. 변화는 외적인 것에서도 시작되지만 여러분의 마음 내부에서도 일어나는 것입니다. 새로이 변화하고 내 안에 잠재한 능력으로 기회를 움켜쥐겠다는 생각으로 하루하루를 시작한다면 반드시 꿈을 이룰 수 있는 길이 보이게 마련입니다.

그렇다면 우리 주변의 사람들은 어떤 삶을 살아가고, 그 안에서 어떤 꿈들을 꾸고 있을까요? 그들은 어떤 상황에서 어떤 어려움을 겪고 있으며, 어떤 삶을 간절히 바라고 있을

까요? 지금부터 우리는 이 책을 통해 내 주변의 가장 평범
한 사람들의 이야기, 나아가 그들을 성공으로 이끌 수 있는
새로운 공식들을 만나볼 수 있을 것입니다.

2009년 12월

박 창 용

1장
끝이 보이지 않는 적자 인생
- 우리 이웃들의 자화상

　사람들은 대부분 "나는 남들과는 달라" 하는 특권 의식을 가지고 있습니다. 그것은 일종의 자신에 대한 믿음이자 자신감의 표현이니 나쁘게 볼 것은 아닙니다. 나는 남들과는 다르게 꿈을 꾸고 살 것이며, 앞으로도 그러겠다는 다짐만큼 한 사람을 특별하게 만들어주는 것도 없기 때문입니다.

　그러나 여기서 우리는 현실 또한 짚어보아야 합니다. 마음만큼은 누구보다도 가치 있고 자유로운 삶을 꿈꾸지만 과연 지금 내가 살고 있는 모습이 정말 그 꿈을 향해 달려가고 있는지, 과연 내가 바라는 모습대로 살고 있는지 살펴야 하는 것입니다.

　어느 유명한 철학자가 한 언급 중에 "모든 인간은 시대의 아들이다"라는 말이 있습니다. 아무리 한 개인이 원대한 꿈을 꾼다 해도 결국 시대의 흐름이 따라주지 않으면 그 꿈도 수포로 돌아갈 수 있다는 뜻입니다. 뒤집어 말하면 시대 속의 자신의 모습이 어떤지를 살펴야 시대의 흐름도 잡을 수 있다는 뜻입니다. 자기 현실을 냉혹할 정도로 정확히 알고 거기에 대처해야 한다는 뜻입니다.

　그렇다면 우리 이웃들의 모습, 나아가 우리가 현실이라고 부르는 어마어마한 장벽은 어떤 모습으로 펼쳐지고 있을까요? 과연 여러분은 이 모든 문제들로부터 얼마나 자유로울 수 있을까요?

　그렇다면 지금부터 우리 주변의 평범한 사람들의 이야기를 들어보고, 나는 이 중에 과연 어떤 문제를 겪고 있는지를 객관적으로 살펴보도록 합시다.

1. 30대 맞벌이 부부의 꿈 - 육아와 대출금 청구서로 부터 자유로워지고 싶다

저는 결혼을 한 뒤 유치원에 들어간 딸아이를 두고 아내와 맞벌이를 하고 있는 30대 중반의 직장인입니다. 20대에 대학을 졸업할 때까지만 해도 앞으로는 장밋빛 나날이 펼쳐질 것이라고 생각했습니다.

하지만 현실은 제 꿈과는 달랐습니다. 치열한 취업 경쟁을 하고도 부족한 듯한 연봉을 받고 소규모 기업에 취직한 지 이제 8년이 다 되어가지만, 결혼 때 장만한 집에 들어간 대출금과 적지 않은 생활비, 그리고 아이에게 들어가는 월 50만 원 이상의 육아비 등이 여전히 고달픈 삶의 족쇄가 되고 있습니다.

무럭무럭 자라나는 사랑스러운 딸아이를 보면서 입술을 깨물고 이직과 토익 점수 등 필요한 노력들을 하면서 연봉을 조금씩 올렸지만, 한 달 대출 이자와 생활비 등을 제외하고 나면 원금을 갚기도 빠듯한 상황입니다.

결국 아이 엄마까지도 처녀 시절 일했던 직장에 연봉을 낮춰서 다시 취직하게 되었습니다. 결혼하고 돌아온 여성 직장인에게는 이 정도 대우만으로도 감지덕지라고 하더군요. 경제까지 어려운 상황에서 연봉을 삭감하고라도 들어가지 않으면 온종일 서서 12시간을 일해야 최저생활비도 벌지 못하는 마트 계산원이나 갈빗집 아르바이트밖에 없다고 했습니다. 열심히 일하는 아내에게 고맙기도 하지만, 일정한 금액을 버는 대신 육아를 감당하지 못해 힘들어하는 것을 보면 미안하고 미안한 마음뿐입니다.

사실 많은 분들이 두 사람이 버는데 어째서 저축을 많이 하지 못하느냐고 물으시는데 그런 질문을 받을 때면 선뜻 대답하기 어렵습니다.

흔히 맞벌이 부부는 외벌이에 비해 2배 이상 많이 저축하리라 생각하지만, 재무상담가들도 인정했듯이 맞벌이들의 저축액은 외벌이와 별반 차이가 없습니다. 사회생활을 하면서 기본적으로 들어가는 우리 부부의 교통비와 점심 식대, 사교비 외에 힘들게 일한 만큼 가끔 즐기는 외식과 문화생활, 그리고 돈 없이는 아이를 키울 수 없는 세상에서 아이 양육비도 무시 못 할 정도이기 때문입니다.

게다가 늙으신 부모님께서 아이를 키워주시는 집에서는 부모님께 용돈으로 드리는 돈도 적지 않다고 합니다. 하나

같이 연로하신 부모님께 아이를 맡기는 일, 참 마음 편치 않고 죄송스럽다고 말하더군요.

제 꿈은 어서 대출금을 갚고 우리 딸아이가 좋은 학교를 가서 자기 꿈을 펼치도록 도와주는 일입니다. 또한 아내가 더 이상 월말마다 가계부로 씨름하지 않도록 만들어주는 것입니다. 하지만 이 작은 꿈조차 지금 당장은 이루기 힘들어 보입니다. 참 신기한 것은, 다들 이렇게 열심히 사는데 제 또래의 직장 동료들도 모두 비슷한 어려움을 겪고 있다는 점입니다. 대부분 연봉은 그대로이고 나날이 물가가 치솟는 상황에서 아무리 허리띠를 졸라매도 일정 이상 저축하기가 어렵다고 말하더군요. 그렇다면 지금보다 더 허리띠를 졸라매고 사는 게 유일한 대안일까요?

요즘 저는 재무 상담을 고민 중입니다. 조금이라도 지출을 더 줄여야 앞으로의 미래에 고단하지 않을 수 있을 것 같아서입니다. 그러나 한편으로는 언제까지 이런 삶을 살아야 하는지 생각하면 답답하기도 합니다. 대학에 들어가면서 제가 꿈꾸었던 삶, 노력한 만큼 벌어서 화려하지는 않아도 부족하지는 않은 삶을 살고 싶다는 그 꿈을 이제 포기해야 하는 걸까요? 이것이 우리들의 삶의 궤적입니다. 여러

분들도 공감하시지요? 혹시 저와 같은 문제들속에서 고민하며 무엇인가 해결방법을 찾고 있겠지요.

③ 30대 맞벌이 부부의 고민들

- 대출금으로 인한 이자와 원금 갚기의 고달픔
- 결혼으로 인한 사회적 비용 (부모님 용돈, 경조사 비용)의 무시 못 할 지출
- 육아와 일자리 모두를 책임져야 하는 아내
- 경제 불황으로 인한 연봉 동결과 물가 상승으로 인한 상대적 수입 감소

-현실적인 진단-

　결과적으로 이들은 일정한 금액이 매달 들어오는 '안정적인 직장의 덫'에 붙잡혀 있다. 나아가 자녀가 취학해 더 많은 교육비가 들어가게 되면서 경제적으로 취약한 부분이 더 두드러질 것이다.

　만일 이 부부가 둘 다 직장을 계속 다닐 경우 시간

이 지나면서 천천히 재무구조 상황은 좋아지겠지만 아내 쪽은 아이의 양육 기회를 잃게 될 것이고, 남편 또한 더 이상 자신의 꿈을 펼쳐 경제적 자유를 얻을 수 있는 기회를 상실하게 될 가능성이 높다.

2. 40대 가장의 꿈 - 명예퇴직의 공포와 급격히 상승한 지출로부터 자유로워지고 싶다

40대의 직장에서는 수군거림이 멈추지 않고 있습니다. 이제 40대 초중반을 지나고 있는 저는 한 중견 건설업체의 과장입니다. 얼마 전 회사의 구조조정에서 제 또래의 과장 두 사람이 명예 퇴직을 택했습니다.

스스로 회사를 그만둔 것이라고 말하지만 모두가 알고 있습니다. 알게 모르게 치고 들어오는 압박과 회사 재무구조의 어려움으로 그들로서는 그 길을 택할 수밖에 없었다는 것을 말입니다. 그들의 빈 책상을 보니 씁쓸한 감정이 밀려들어 한동안 업무에 집중할 수가 없었습니다.

나름대로 능력을 인정받아 이번에는 구조조정의 대상이

되지 않았지만 저 역시 언제 그들과 같은 신세가 될지 모를 일입니다. 며칠 전 퇴직한 두 사람을 만나 술잔을 기울이는데 슬픈 마음을 어찌할 수 없었습니다. 한 사람은 아직도 회사를 그만두었다는 이야기를 하지 못해서 매일 아침 출근 가방을 들고 정부에서 운영하는 직업 센터에서 재교육을 받고 있다고 했습니다. 두 사람 다 이제 대학 입시를 준비하고 있는 자녀가 있는데 등록금 1000만 원 시대에 아이들 등록금 걱정이 가장 먼저 든다고 했습니다. 그것은 저 역시도 마찬가지입니다.

불과 20년 전만 해도 40대 중반이 되면 사회에서 중요한 직급을 가지고 성실하고 안정적으로 일할 수 있는 환경이 마련되는 것이 보편적이었습니다. 하지만 세상은 변했습니다.

직급은 더 이상 영구적인 계급장도 아니요, 다만 언제라도 떼고 붙일 수 있는 명찰 정도로 전락했고, 치열한 경쟁을 뚫고 치고 올라오는 젊은 부하직원들과도 때로 손발이 맞지 않아 어려울 때가 많습니다.

게다가 나날이 심해지는 인사고과의 압박도 견딜 수 없는 스트레스로 다가옵니다. 그러다 보니 많은 제 또래 친구들이 철새처럼 직장을 옮겨 다니다가 결국 재기하지 못하고 일찍 회사 생활을 접고 맙니다.

가끔 저도 이렇게 나가다가는 미래가 없다고 생각합니다. 하지만 무엇보다 마음에 걸리는 것은 저를 의지하고 지내는 가족들입니다. 아무 걱정 없이 대학 입시만 준비해야 할 제 아이들이 아빠의 직장이 불안하다는 걸 눈치 채는 것이 무엇보다도 싫습니다. 아이들 학원비와 평수를 조금 늘려서 간 아파트 대출금이 10년 째 우리 가족을 압박하고 있는 상황에서 직장을 그만둔다는 것은 거의 자살행위와 다름 아닐 겁니다.

어떻게 해야 할지 막막합니다. 더 열심히 일해서 명예퇴직 리스트에 오르지 않도록 하는 것만이 능사는 아닐 텐데, 눈에 보이는 방법은 그것뿐이라 요즘 저는 젊은 친구들과 야근도 불사하고 일에 몰두하고 있습니다. 아내와 아이들 얼굴을 제대로 본 지도 며칠이 되어갑니다.

요즘 먼저 명예 퇴직한 친구들이 사업을 시작했다고, 제게도 함께 해보자고 제안하고 있습니다. 하지만 제가 보기에 그 사업은 너무 불안정할뿐더러 친구들의 경험도 일천해 보입니다. 아내에게 넌지시 얘기했더니 고개를 저으며 지금 같은 상황에서 미래를 알 수 없는 길을 택해서는 안

된다고 말합니다. 저도 매달 들어가는 금액이 얼마인지 알고 있고, 현실을 알기에, 결국 그 말에 동의했고요.

한때는 당당한 젊은 사원으로 매일 매일 성취하는 즐거움으로 살았던 제게, 회사 나가는 일이 힘겹게 느껴질 순간이 다가올 것이라고는 상상도 못했습니다.

오늘 일찍 퇴직한 친구들과의 모임이 있어 조금 일찍 나가보려고 합니다. 다들 사업 준비에 한창인데 사실 우려만 앞섭니다. 이대로 가다가는 두 아이의 4년간 대학 등록금을 마련하기도 어려워 보이지만 과연 친구들이 그 생소한 사업들을 제대로 꾸려갈 수 있을지 걱정입니다.

지금껏 열심히 살아왔다고 자부하는데, 과연 제가 선택한 길에 문제가 있었던 것일까요? 정말이지 누군가에게 진지하게 물어보고 싶은 심정입니다.

40 40대 가장의 고민들

- 구조조정으로 인한 조기 퇴직의 압박
- 입시를 앞둔 자녀들에 대한 교육비의 부담감
- 안정적인 삶을 누리고자 하는 배우자와의 갈등

- 새로운 사업에 대한 열망은 있지만 구체적 플랜이
  서지 않은 상태

-현실적인 진단-

한국의 40대 가장에게 삶은 그야말로 전쟁터와 같다. 30대 때에는 이 무렵이 되면 어느 정도 안정을 이루리라 기대하지만 한국에서는 어불성설이다. 실제로 입시조차도 돈으로 경쟁하는 세상에서 대학 입시를 앞둔 연령대의 자식들을 둔 40대들의 교육비 부담은 상상을 초월한다.

뿐만 아니라 40대는 일정한 고액 연봉을 받는 상황에서 사회적 지위에 걸맞은 집과 차에 대한 열망이 커지는 때이다. 자칫 잘못 판단해 살림을 키울 경우 마이너스 통장과 대출금에 대한 압박이 또다시 시작될 수 있다. 게다가 자기 사업을 하고자 하는 이들이 많아져 새로운 사업을 시작하지만 그 중에 성공하는 이들은 10분의 1도 채 되지 않는다.

3. 50대 퇴직자의 꿈 - 이미 끝이라고 규정하는
사회적 시선으로부터 자유로워지고 싶다

설마 앞으로 4~5년은 더 일할 수 있겠지 생각했습니다. 사회적으로 퇴직 연령이 축소되었다는 것은 알고 있었지만 그것이 제 신세가 되고 보니 참으로 괴로워지더군요. 인생 공수레 공수거라고 하는데 마음을 비워야지 하다가도 때때로 "자네, 정말 일 접었나?" 하는 주변의 타박, 무엇보다도 아내에게 걸려오는 친척들의 걱정 전화 때문에 한시도 마음 편할 날이 없습니다.

어떻게든 조금만 더 일해보자고 직업 교육 센터를 드나들었습니다. 가보니 제 또래들이 수두룩했습니다. 하지만 그 중에 끝까지 교육을 이수하는 사람은 드물었습니다. 대체 저 나이가 돼서 뭘 새롭게 시작할 수 있을까 하는 주변의 시선들 때문이었습니다.

저 역시 그런 시선에서 자유롭지 못했지만 이 악물고 외국어도 배우고 창업 교육도 받았습니다. 게다가 지금껏 능력 있는 직장인으로서 살아온 경험, 제법 번듯한 학벌도 있었기에 몇 군데에는 정성 들여 작성한 이력서도 다시 냈습니다. 참으로 초조한 시간들이었습니다.

그러나 대한민국 50대에게 주어지는 좌절은 저도 예외가 아니었습니다. 번번이 돌아오는 것은 거절이었습니다. 이유는 다른 게 아니었습니다. 바로 50대라는 나이가 죄였습니다.

요즘 들어 저는 산에 자주 갑니다. 집에 있으면 답답하고 속이 상해 조금 높았던 혈압 수치가 또다시 들쑥날쑥해지기 때문입니다. 산에 가보면 저와 같은 50대들이 적지 않습니다. 모두들 묵묵히 산을 오르지만 그 머릿속에 얼마나 복잡할지 금방 이해가 갑니다.

이제 조금만 더 노력하면 좋은 노후를 준비할 수 있었을 텐데, 고생한 아내에게도 조금 더 편안한 생활을 누리게 해줄 수 있었을 텐데, 제 자신이 원망스러워집니다. 게다가 대학 졸업을 준비해서 좋은 직장에 취직해야 할 아들 녀석이 등록금을 제 손으로 벌고 있는 것도 미안하기만 합니다. 다른 아이들은 그 시간에 공부해서 더 좋은 점수를 받고 더 좋은 회사에 취직할 텐데, 이미 우리 아이는 뒤떨어지고 있다는 생각이 머리를 떠나지 않네요.

내일부터는 다시 사회생활을 할 준비를 하려고 합니다.

안 된다면 될 때까지 할 생각입니다. 하지만 이제 제가 본래 전공했던 회계 쪽으로는 쉽지 않을 것 같습니다. 그 자리는 이미 든든하고 젊은 친구들이 들어와 저보다 적은 연봉으로 열심히 일하고 있을 것입니다.

쫓기듯이 살아온 삶이라 많은 금액을 저축한 것도 아니니 안정적이고 소규모로 할 수 있는 리스크 적은 사업을 찾아보고 있습니다. 하늘이 무너져도 솟아날 구멍은 있다고 했으니 아직 무릎을 꿇을 때가 아니라고 다짐해 봅니다.

여러분의 삶은 어떠신지요. 혹시 저와 비슷한 어려움을 겪고 계신 분은 없는지요. 있으시다면 여러분도 부디 용기를 잃지 말고 다시 한 번 재기하시기를 진심으로 바라 봅니다.

50 50대 퇴직자의 고민들

- 사회적 활동을 할 수 없으리라는 사회적 편견
- 불안정한 노후에 대한 두려움
- 사업에서 과감한 도전을 하기에는 부족한 자산

　　앞서 살펴본 50대 퇴직자의 삶에서 자유로운 대한민국 국민들은 거의 없을 것이다. 나날이 인재 채용과 퇴출 주기가 빨라지는 상황에서 50대는 너무 일찍 자신의 자리를 뒤 세대에게 물려주어야 한다. 또한 아무리 고액 연봉자라고 해도 주식이나 부동산 등의 재테크로 큰돈을 벌지 않은 이상 지속적인 생활비 지출로 인해 모아둔 자산은 빈약하기만 하다. 이런 상황에서 선뜻 과감하게 사업에 도전하기에는 사회적응력이 다소 떨어지고 활기도 젊을 때와는 다르다. 다시 말해 50대는 새로 시작하기에는 너무 늦고, 포기하기에는 너무 이른 나이인 것이다.

4. 60대 은퇴자의 꿈 - 평온한 노후를 가로막는 경제적 불안의 고리, 그리고 외로움으로부터 자유롭고 싶다

　　평균수명이 부쩍 증가한 현대사회에서 60대는 새로운 인생의 시작이라고 말합니다. 하지만 어디까지나 그것은 경제적 자유가 있을 때만이 가능한 일입니다. 평생 동안 고민하고 걱정하는 것이 삶이라고 했던가요.

저와 남편은 60대 중반, 저는 60대 초반이지만 젊은 시절과는 또 다른 고민을 안고 살아갑니다. 자식들 중에 하나는 출가를 하고 나머지 한 아이는 직장생활을 하고 있는데, 품 안의 자식이라고 큰 아이에게는 제대로 된 혼수 마련도 못 해주고, 둘째는 밤낮없이 야근을 하며 힘겹게 생활을 꾸려가는 것을 보면 마음이 편하지가 않습니다. 자식들만 다 키워놓으면 우리 부부에게도 평온한 노후가 찾아올 줄로 알았는데 부모가 능력이 없어 아이들에게 더 큰 도움을 주지 못했다고 생각하니 미안한 마음뿐입니다.

우리 60대 부부의 생활은 늘 변함없이 흘러갑니다. 우리 부부 앞으로 나오는 정부에서 나오는 국민연금 약간과 많지 않은 저축액, 아이들이 다달이 주는 용돈 조금이 우리 부부의 수입 전부입니다. 물론 이것만 가지고도 아껴 쓰면 기본적인 생활을 누려갈 수 있지만 우리 부부가 꿈꾸었던 윤택한 생활이 아닌 것은 분명합니다. 비단 매달 들어오는 액수를 떠나 조금 더 마음 넉넉하게 주변 이웃들과 교류하고 그간 먹고사느라 묻어두었던 작은 꿈들을 실현시키기에는 아직 경제적인 자유가 주어지지 않았다는 것입니다.

머리도 희끗하고 예전만큼 활력이 넘치지는 않지만 아직 우리 부부가 할 수 있는 일이 있으리라 믿었습니다. 하지만 자식들은 "나이 드셨으니 편하게 쉬셔야죠."라고 말하면서 우리 부부가 움직이는 것을 겁낸다는 느낌이고, 공공근로 같은 작은 일거리들을 알아봐도 엄청난 경쟁률에 월급은 턱없이 적습니다. 한 달 동안 일하고 그 정도 금액으로 만족해야 한다니, 역시 우리 사회는 노인들을 박하게 대한다는 편견만 굳어집니다.

사실 저는 거창한 사업이나 돈을 많이 버는 일을 원하는 것이 아닙니다. 서로의 삶에 관심을 가지고 유대 관계를 유지하면서 사람 사는 재미를 느낄 수 있는 일을 원합니다. 하지만 그런 기회가 쉽사리 주어질 리가 없다는 데 우리 부부 모두 고개를 끄덕이고 있지요.

얼마 전에 첫 딸이 아이를 낳았는데 직장 생활을 하느라 바빠 손자를 제가 돌보고 있습니다. 손자 커가는 재미에 힘든 줄도 모르지만, 그럼에도 마음 한구석이 허전한 건 어쩔 수 없더군요. 온종일 공원에 나가 있거나 친구들과 술 한 잔 하는 것으로 마음을 달래는 남편도 안쓰럽기 그지없습니다. 이러다가 덜컥 병이라도 나면 그 다음은 어떻게 하나 걱정뿐입니다.

많이 가진 사람들은 내일은 어떻게 즐겁게 보낼까를 고민하겠지만, 저는 젊을 때만큼은 아니라도 내 스스로 일을 해서 얼마간의 경제적인 여유를 누릴 수 있다면 얼마나 좋을까 하는 생각뿐입니다.

그래서 오늘도 장을 보고 돌아오다가 집 앞 가판대에서 벼룩시장 한 장을 들고와 봅니다. 제가 무언가 할 수 있는 일이 있나 찾아볼 생각입니다.

누군가 그런 말을 했지요. 지난 60년간 열심히 살아왔는데 과연 자신의 삶이 인간다운 삶이었나, 누리고 나누는 따뜻한 삶이었나 의문이 든다고요.

요즘 참 많은 생각들이 듭니다. 언젠가 내 삶에도 봄이 다시 올 것이라 생각했는데, 그것이 정말 요원한 꿈인지, 저와 비슷한 생각을 하고 계시는 많은 분들, 여러분은 어떻게 남은 여생을 준비하고 계신지요?

- 결혼 시기의 자식들에게 경제적 토대를 마련해주고 싶다는 욕심
- 삶의 질을 높이기에는 턱없이 부족한 경제적 자산
- 질병과 노환에 대한 두려움
- 대폭 줄어든 인간관계로 인한 외로움

-현실적인 진단-

60대 은퇴자들이 가장 중요시 여기는 것은 바로 풍요로운 노후이다. 흔히 60대 무렵이 되면 더는 미래가 불안할 일이 없다고 생각했지만 들이닥친 현실은 그렇지 않다. 안 그래도 빠듯하게 살아가는 자식들에게 의지한다는 죄의식, 좀 더 편안한 노후를 누리고 싶다는 욕심 등에 생각이 많을 때이다.

마음을 비우고 살아가는 것도 하나의 방법이겠지만 그보다는 자신의 여건을 좀 더 개선할 수 있는 현실적인 방법을 찾기 위해 노력하는 것도 방법일 것이다.

2장
88만원 세대의 불행, 결코 그들만의 문제가 아니다

- 88만원 세대가 추락한 이유

앞서 우리는 우리 이웃들의 고충을 들어보았습니다. 과연 여러분은 이들이 하고 있는 고민에서 얼마나 자유로우신가요? 그렇다면 이처럼 어려운 상황들이 우리에게 닥쳐온 것일까요?

최근 한국경제 지표에서 가장 뜨거운 이슈가 된 문제 가운데 청년실업과 비정규직 문제가 있습니다. 청년취업률은한 사회의 건강함을 보여주는 척도인데, 안정적인 직장을 보장받지 못하는 젊은이들이 점차 늘어나기 시작한 것입니다.

그러나 이 현상은 비단 우리나라뿐만 아니라 여러 선진국들에게도 이미 고질적인 사회문제로 대두되고 있습니다.

그래서 유럽에서는 실업과 비정규직으로 내몰린 가난한 청년들을 가리켜 ‘1000유로 세대’ 라 부르고 있지요. 한국에서는 비정규직 평균 월급인 88만원을 모티브로 가난한 20대들을 ‘88만원 세대’ 라고 부르게 되고 있지요. 아시다시피 한 달에 ‘88만원’ 은 최저 생계비에도 미치지 못하는 금액입니다. 그렇다면 이 ‘88만원 세대’ 의 위협이 비단 20대들만의 문제일까요?

많은 경제 전문가들은 미국 발 금융위기로 파탄난 세계경제의 후폭풍이 한동안 계속될 것으로 진단하고 있습니다. 다시 말해 비단 20대들뿐만 아니라 경제활동을 하는 많은 이들이 앞으로 더 큰 어려움을 겪게 된다는 것입니다.

실제로 최근 상대적인 월급 삭감과 실직으로 고통 받는 이들이 늘어나고 있습니다. 이런 상황에서 우리는 어떤 안목으로 미래를 바라보고 준비해야 할까요?

1. 세계적 경제위기 상황

흔히 우리가 사는 세상을 예측 불가능한 곳이라고 말합

니다. 물론 오랜 옛날에도 미래는 항상 불분명한 것이었습니다. 언제 어디서 불행이 닥쳐올지 모르는 것이 인간의 삶이었기 때문입니다. 그렇다면 고도로 발달한 현대 문명의 세계에서는 과연 미래를 완벽하게 예측하는 것이 가능할까요?

그렇지 않습니다. 과학의 발달도, 고도화된 자본주의도 결과적으로 인간의 미래를 지도 그리듯이 보여줄 수 없습니다. 오히려 하루하루 너무 빨리 변하는 현대사회는 변화를 예측하지 못하면 시대에 뒤떨어질 수밖에 없다는 공포감마저 안겨주고 있기 때문입니다.

우리가 겪고 있는 경제위기도 마찬가지입니다. 산업혁명 이후로 인류는 놀라운 번영을 누려왔습니다. 더 이상 보릿고개도 굶주림도 없는 시대가 열리면서 더 이상은 경제적 빈곤으로 고통 받지 않을 것이라는 희망이 생겨났습니다.

그러나 현실은 어떻습니까? 평범한 우리로서는 그 원인조차 알기 힘든 금융과 증시의 폭락으로 전 세계가 경제 불황의 폭탄을 맞았습니다. 나아가 이런 불황의 고통은 지금껏 열심히 살아온 이들에게까지 고통을 전가하고 있습니다.

앞서 설명한 청년 실업과 비정규직 문제, 나아가 자영업의 몰락과 빚더미에 앉은 소규모 기업들, 주식시장의 파산으로 알거지가 된 개미 투자자들, 이 모두가 예측할 수 없는 미래에 발목을 잡힌 것입니다.

그렇다면 미래를 예측하는 건 불가능하니 조용히 앉아서 고통 받는 것만이 우리가 할 수 있는 일일까요?

절대 그렇지 않습니다. 돌이켜보면 이 세상은 신기한 곳입니다. 누군가는 예측할 수 없는 변화와 충격에 쓰러지는가 하면, 또 어떤 사람은 이 상황을 현명하게 극복해 전화위복의 기회로 삼기 때문입니다.

실제로 빌 게이츠나 워렌 버핏 같은 세계의 부자들은 앞으로 다가올 트렌드를 예상하고 거기에 남들보다 한 발자국 빨리 뛰어들어 대공황의 공포에서 벗어난 승자가 되었습니다. 다시 말해 같은 상황 속에서도 뛰어난 이들은 자신이 서 있는 위치가 어디인지, 시대의 흐름이 어디로 흘러가고 있는지를 살펴 장기적으로 어려움을 극복해 냅니다.

지금부터 우리는 이 세계적 경제위기라는 괴물의 그림자를 거둬내고 그 안에서 새로운 기회를 찾아가는 방법을 찾아보게 될 것입니다. 비단 88만원 세대들만의 문제가 아닌,

우리 눈앞에 나타난 위기를 살펴 어려움을 타개할 수 있는 길을 살피려 합니다.

물론 한 개인으로서 시대를 관망하듯 읽어낸다는 것은 불가능한 일일지 모릅니다. 그러나 세상은 누구에게나 일생에 몇 번 큰 기회를 제공합니다. 그리고 바로 그 기회가 여러분의 곁에 있을지도 모른다는 긍정적인 생각 속에서 받아들인다면 예측하지 못했던 새로운 기회를 만날 수도 있을 것입니다.

2. 아날로그적인 사고는 예고되었다

예로부터 우리는 열심히 살면 누구나 부자가 될 수 있다고 믿었습니다. 실제로 농업시대에는 이 말이 가능했습니다. 다른 이들보다 일찍 일어나 더 열심히 씨 뿌리고, 누구보다도 열심히 잡초를 제거한 농부가 더 많은 곡식을 거둘 수 있었습니다. 물론 이런 성실함은 현대사회에서도 변하지 않는 성공의 요소임에 틀림없습니다.

하지만 바쁘게 변화하는 현대사회에서 노력만이 최고라

는 원칙을 고수하는 것은 낡은 사고, 아날로그적 사고입니다. 요즘은 아무리 열심히 씨를 뿌리고 잡초를 제거해도 좋은 비료와 제초제, 더 많은 일꾼을 가진 농부를 당해낼 수 없기 때문입니다.

예를 들어 같은 지역에 비슷한 규모를 가진 두 개의 중국집이 있습니다. 두 중국집 모두 아침 일찍 문을 열고 밤늦게까지 영업을 합니다. 그런데 똑같이 성실한 두 가게의 매출액에서는 큰 차이가 납니다.

한 중국집은 골목 안쪽에 위치해 있는 반면, 다른 중국집은 사람이 많이 다니는 곳에 가게를 열었기 때문입니다. 그런가 하면 한 중국집은 매일 같은 짜장면을 팔지만 다른 한 곳은 손님들의 요구에 맞는 새로운 메뉴를 개발해 열심히 홍보하는 방법을 사용했습니다.

결과적으로 똑같은 노력을 하고도 손님들은 더 다양한 메뉴를 즐길 수 있고 찾기도 간편한 두 번째 짜장면 집을 찾을 수밖에 없는 것입니다.

그런가 하면 유명한 프랜차이즈 식당들은 어떻습니까? 유명 브랜드 프랜차이즈의 경우 보통 가게를 여는 것보다 훨씬 많은 권리금을 지불합니다. 그것은 브랜드뿐만 아니라, 매장 운영법과 관리법, 각각의 시기에 맞는 이벤트, 신 메뉴 레시피 등 보장된 성공의 시스템을 적용받기 때문입 니다.

이처럼 21세기의 성공이란 좋은 아이템과 좋은 시기, 좋 은 위치 등 다양한 요소들의 결합이 만들어냅니다. 다시 말 해 무조건 열심히만 하면 성공할 수 있다는 아날로그적 사 고는 더 이상 유효할 수 없습니다.

사업가들이 매일 같이 신문을 탐독하고 독서나 세미나를 통해 더 많은 지식을 축적하고 세상을 읽는 안목을 키우는 것도 그래서입니다. 그들은 이제 단순히 노력만 해서는 원 하는 성공을 거머쥘 수 없으며, 시대의 흐름 속에서 걸맞은 자리를 찾아 지속적인 성장을 해야 성공할 수 있다는 점을 잘 알기 때문입니다.

3. 디지털 세상의 도래가 새로운 기회를 만들어내고 있다

많은 이들이 21세기를 '눈 깜짝할 사이 달라지는 디지털 시대'라고 말합니다. 아날로그 세상은 천천히 변화했다면 디지털 세상은 변화 속도가 아주 빨라졌다는 뜻이지요.

그렇다면 21세기의 가장 큰 변화는 무엇일까요? 바로 과거의 세상을 지배하고 있던 산업사회 패러다임이 몰락하고 정보화 디지털 세상이 등장했다는 것입니다.

이 정보화 디지털 트렌드는 크게 인터넷(internet)과 네트워크(network)라는 단어로 규정될 수 있는데, 이 두 분야의 발달은 그간 제한되어 있던 시공간의 한계를 무너뜨리고 나아가 통신 발달을 이용한 다양한 사업들을 탄생시켰습니다.

예를 들어 우리는 인터넷에서 클릭 한 번으로 아마존이나 이베이 같은 외국 사이트에서 그 나라 제품을 구매하기도 합니다. 이처럼 인터넷과 네트워크를 이용한 사업은 세계를 상대로 하는 것이 가능하므로 앞으로 노동과 기술, 자본의 국제적인 이동도 더 활발해질 전망입니다.

또한 다국적 기업들이 아시아, 유럽, 제 3세계까지 자신의 사업영역을 확대하고, 수입 개방이 활발해지고, 기업들끼리 기술을 공유하거나 합병하는 등의 변화도 바로 이런 정보화 네트워크 시대가 몰고온 변화라고 할 수 있을 것입니다.

여기서 중요한 것은 이런 경제 구조의 변화가 여기에서 멈추는 것이 아니라 일반인들의 경제에 대한 의식에도 상당한 변화를 가져왔다는 점입니다.

즉 인터넷과 네트워크를 이용하면 일반인도 얼마든지 국내와 외국을 대상으로 사업을 할 수 있다는 생각이 자라나기 시작한 것입니다.

예를 들어 돈이 움직이는 금융권을 봅시다. 불과 50~60년 전만 해도 많은 이들이 금고에 돈을 보관했습니다. 그것만 가득 채워져 있어도 근방에서 부자 대접을 받았지요. 하지만 이제 은행 자산은 아날로그적 산물로 여겨집니다. 부동산과 주식, 채권, 펀드도 있고, 심지어는 기술과 특허도 당당히 하나의 자산으로 평가받고 있습니다. 그뿐일까요? 이제는 유용한 정보나 아이디어 탄탄하게 잘 구축된 사업 시스템도 하나의 자산입니다.

즉 이제는 눈에 보이는 유형 자산을 높이 평가하던 시대는 사라지고, 오히려 눈에 보이지 않는 무형 자산이 더 가치 있는 것으로 여겨지는 새로운 시대가 열렸습니다. 부유함에 대한 기준과 인식이 달라지면서 눈에 보이지 않는 것들,

나아가 정보의 바다에 떠돌아다니는 아이디어, 차별화된 서비스 등도 하나의 자산으로 여기게 된 것입니다.

이처럼 부의 개념이 이동하는 시대에는 새로운 사업 기회가 있고, 그것에 도전하는 사람들도 늘어나게 마련입니다. 이런 상황에서 우리는 더 많은 정보들에 귀 기울이고 시대의 큰 흐름에 맞는 사업을 찾아 도전해야 합니다.

4. 추락하는 88만원 시대에서 살아남는 방법은 있는가?

경제 불황으로 고통 받는 21세기를 살아가려면 두 가지 중요한 조건을 갖춰야 합니다. 하나는 전문적인 시각과 능력을 갖추는 것입니다.

말 그대로 '전문가' 란 특정한 전문 분야에 대해 많이 알고 이 지식을 경험 속에서 녹여낼 정도로 능통한 사람으로서 이들은 자신의 능력을 가장 잘 보여줄 수 있는 핵심 시장에 집중한다는 특징이 있습니다.

그러나 최근 경제 불황 속에서는 또 하나의 중요한 능력이 필요합니다. 바로 유연성에 있습니다.

최근 자신의 전문적인 분야에서도 활동하면서 동시에 다른 분야에서도 전문성을 쌓기 위해 노력하는 투잡과 쓰리잡 프리랜서들이 등장하고 있습니다. 한 분야에서 대단한 전문가가 되는 것만으로는 안정된 수익 구조를 만들어내기 어렵다는 인식이 커졌기 때문입니다. 이를테면 금융 분야 전문가는 금융 부문에서는 최고이지만 그 분야를 떠나면 그 능력을 인정받기 어렵습니다. 이 때문에 같은 금융 전문가라 해도 금융 분야뿐만 아니라 재무 상담, 회계 등 다양한 경험을 쌓으면서 전천후 능력자로 활동할 기반을 쌓는 것입니다. 실제로 인터넷 구인 사이트를 보면 투잡란이 따로 있을 정도인데, 이는 직업에 대한 편견이 사라지고 '경제 전쟁시대'에 남는 시간에 또 하나의 전문 분야를 만들려는 사람이 많아졌기 때문입니다. 그렇다면 좋은 투잡의 조건은 무엇일까요? 투잡을 흔히 부업이라고 부르는데, 사실상 요즘 투잡은 부업 개념을 넘어서고 있습니다. 투잡을 통해서도 얼마든지 즐거움과 수익을 얻고 전문인으로서의 능력 계발도 할 수 있기 때문입니다. 실제로 투잡을 하다가 오히려 본업보다 큰 수익성을 발견하고 진로를 변경하는 사람들도 적지 않습니다.

또한 투잡은 경제 활동의 적지 않은 부분을 차지하게 되면서 투잡에 대한 인식도 변화하고 있습니다. 이를테면 하루 이틀 하고 그만 두는 것이 아니라, 장기적인 수익 구조를 구축할 수 있는 투잡이 많은 수익을 얻게 된 것이지요.

또한 과거의 투잡이 주로 몸을 움직이는 시간 아르바이트 개념이었다면, 이제는 정보와 지식, 서비스 분야에서 좀 더 부가가치가 높은 투잡들도 등장했습니다.

이런 투잡들의 특징은 하루에 몇 시간씩 저임금으로 일하는 대신 나무 한 그루를 키우듯 장기적 시스템을 구축해 시간이 갈수록 더 큰 가치를 얻게 된다는 점입니다.

예를 들어 옷가게에 옷을 파는 점원으로 취직을 하면 투자한 시간 이상의 임금을 받기 어렵습니다. 그러나 옷가게 쇼핑몰을 구축한다면 처음에는 좀 시간이 걸려도 나중에는 훨씬 많은 수익을 올리게 됩니다. 그렇다면 앞서 설명한 정보통신의 발달과 세계화의 물결 속에서 과연 우리가 해볼 수 있는 투잡은 과연 없을까요?

다음 장에서는 21세기의 변화 속에서 새로이 등장한 디지털과 네트워크 열풍, 그에 따른 놀라운 수익 구조를 가진 사업들에 대해 알아보도록 하겠습니다.

3장
인터넷과 네트워크, 디지털 소비자들
- 인터넷을 통한 부의 이동

세상에 돈 버는 방법은 많습니다. 월급을 타 꾸준히 저축을 할 수도 있고, 다른 투자 방법을 찾을 수도 있습니다. 아니면 자영업을 하거나 사업을 할 수도 있습니다.

그러나 앞서 설명했듯이 가장 중요한 것은 '돈을 번다'는 행위 자체가 아니라 그 돈을 '어떻게 버는가' 일 것입니다.

그렇다면 이 시대가 요구하는 가장 안정적이고 수익성 높은 사업의 비밀은 어디에 존재할까요?

바로 21세기의 가장 큰 화두로 여겨지고 있는 인터넷과 네트워크의 발전, 나아가 소비와 유통을 겸하는 디지털 소비자들의 등장입니다.

1991년 인터넷이 대중화되면서 2005년 전 세계 인터넷 사용자수는 약 7억 7천만 명을 넘어섰고, 나아가 이것이 우리 소비 환경까지 뒤바꾸어 놓았습니다. 온라인 쇼핑협회에 따르면 인터넷 쇼핑몰 시장 규모는 99년 1,200억 원에서 지난 2005년에는 10조 원을 돌파했으며, 2008년에는 18조 원의 시장을 형성했습니다.

이는 인터넷에 엄청난 돈의 흐름이 형성되고 있음을 뜻합니다. 그리고 어떤 이들은 이 기회를 놓치지 않고 그 안에서 새로운 비전을 통해 많은 성공자로 살아가고 있습니다. 인터넷을 단순히 정보를 얻는 장으로만 인식하지 않고, 이 인터넷의 힘을 이용해 새로운 네트워크를 구축하고 기업과 소통하며 적극적인 사업자로 변신하고 있는 것입니다.

그렇다면 현명한 소비자에서 적극적인 기업의 마케터와 동업자로 변신한 디지털 소비자들, 나아가 그들의 네트워크에 대해 좀 더 상세히 알아보도록 하겠습니다.

1. 디지털 소비자 아이덴슈머의 등장

인터넷이 세상을 지배하게 된 시대에 인터넷은 단순히 정보를 얻고 엔터테인먼트를 즐기는 공간만이 아닙니다. 이곳은 이제 새로운 경제적 부가가치가 생겨나고 탄탄한 경제적 네트워크가 구축되는 공간입니다.

실제로 기업들도 요즘은 내부적으로는 분권과 온라인 상의 네트워킹을 중시 여깁니다. 뿐만 아닙니다. 비록 기업 단위가 아니라도 같은 뜻을 가지거나 같은 사업 목적을 가진 이들이 인터넷 상에서 하나의 네트워크를 구축하고 있습니다.

이들은 이 무한한 공간 안에서 자신들의 정보를 공유하고 이익을 나누며, 기업 못지않은 파워를 자랑하고 있습니다. 다시 말해 요즘은 기업의 덩치가 아닌 네트워크의 덩치가 힘을 발휘하는 시대이자 소기업들도 네트워크로 연대하면 얼마든지 큰 기업을 이길 수 있는 시대인 것입니다.

여기서 하나 더 살펴봐야 할 것이 있습니다. 이런 변화들이 과연 소비자들에게는 어떤 변화를 가져왔을까 하는 점입니다. 이미 실감하고 있겠지만, 아무리 대기업도 요즘에

는 이른바 '네티즌' 들의 목소리에 바짝 긴장합니다. 네티즌
이라 불리는 디지털 소비자들이 하나의 네트워크로 뭉쳐
기업의 경영은 물론 상품 자체에까지 영향력을 발휘하기
때문입니다.

※ 일반 소비자와 디지털 소비자의 비교

구 분	일반 소비자	디지털 소비자
참여동기	자기만족	자기성취와 금전적 보상
참여범위	소비	디지털 소비자자본, 기획, 생산, 유통, 서비스 등 전 분야 참여형태
참여형태	아이디어 제공 중심	아이디어 및 의견제시, 직접 생산
기업과의 관계	수동적 협력자	적극적 파트너이자 경쟁자

즉 과거에는 상품의 개발과 유통, 가격 정책 등이 모두 기
업 주도로 이루어졌다면 이제는 소비자가 그 주도권을 쥐
게 되면서 소비자들의 요구와 참여가 기업들의 생존에까지
영향을 미치게 되었습니다.

예를 들어 새로운 붐을 일으키고 있는 소비자 요청형 쇼
핑 사이트들을 봅시다. 요청형 쇼핑 사이트란 말 그대로 소

비자의 제안에 따라 기획, 생산된 제품만을 판매하는 곳입니다.

이런 쇼핑몰들은 고객들의 상품 아이디어 및 의견을 상품 개발 컨설팅이나 마케팅 업무에까지 적용하고, 그 안에서 선정된 히트상품을 유통하기도 합니다.

다시 말해 요즘 소비자들은 단순히 기업이 생산한 물건을 즐기는 데서 멈추지 않고 기업의 생산 활동에 적극적으로 참여하고, 때로는 자진해서 훌륭한 마케터로 변신합니다.

※ 디지털 소비자의 특징

그리고 수동적인 입장이 아닌 스스로 나서서 물건을 전달하고 기업과 더불어 이익을 얻어가는 스펑적 관계를 누리는 이 능동적인 소비자들을 '아이덴슈머' 라고 부릅니다.

아이덴슈머(Idensumer)란?

정체성을 뜻하는 아이덴티티(Identity)와 소비자(Consumer)를 결합한 신종 소비자를 뜻한다. 프로슈머(Prosumer)가 직접 제품을 생산하고 소비하는 소비자라면, 아이덴슈머는 제품의 가치를 자신과 동일시하면서 더 넓은 활동 영역을 자랑한다.

이들은 프로슈머처럼 단순히 신제품 개발에 참여하는 것을 넘어 똑같은 상품이나 서비스를 이용하는 사람들에게 동질감을 느끼고 정보를 공유하며, 나아가 스스로 마케터로 변신하기도 한다. 최근 들어 기업들도 이들의 의견을 적극적으로 받아들여 제품에 반영하고 이들에게 광고와 홍보를 독려하는 아이덴슈머 마케팅을 적극적으로 활용하고 있다.

2. 현명한 소비 속에 답이 있다

그렇다면 아이덴슈머들은 어떤 방법으로 자신들의 이익을 영위할까요? 이들은 현명한 소비를 통해 기업들이 지출하는 마케팅과 유통 비용을 자기 몫으로 가져갑니다.

우리는 자본주의 사회에서 필연적으로 나날이 수많은 소비를 하면서 살아갑니다. 여러 통계에 의하면 우리가 받는 월급의 약 70% 이상은 매달 필요한 필수품 등의 재화를 사들이는 데 쓰게 된다고 합니다.

그렇다면 그 물건 값들이 어떻게 구성되는지 여러분은 알고 계신지요? 아마 대부분은 물건 값 중에 일정 금액이 유통비와 마케팅 비용으로 지불된다는 사실을 아실 것입니다.

보편적으로 판매자가 생산한 물건은 소비자에게 다다르기까지 대략 생산자 → 공급자 → 도매상 → 소매상 → 소비자의 과정을 거칩니다. 이 과정에서 물건 값이 올라가는 것은 자연수러운 현상입니다. 게다가 여기에 대량의 마케팅 비용까지 덧붙이면 그 값이 생산 비용의 몇 배로 치솟게 되지요. 다시 말해 지금껏 우리는 여러 단계의 유통 비용과 마케팅 비용까지 지불하면서 값싼 물건을 비싸게 사들일 수밖에 없었습니다.

그러나 이제 시대는 달라졌습니다. 인터넷과 인적 네트워크를 통해 많은 정보를 얻을 수 있는 똑똑한 소비자들은 다양한 비교를 통해 가장 좋은 물건을 값싸게 구입합니다. 인터넷 안에서는 얼마든지 가격 등의 정보를 비교할 수 있기 때문입니다.

뿐만 아닙니다. 능동적인 아이덴슈머 소비자들은 이 정

직한 기업들과 과감하게 손을 잡는 일도 거침없이 진행합니다. 이를테면 지불하는 물건 값에 과하게 부가되는 마케팅 비용과 유통 비용을 내 이익으로 남길 방법을 기업과 동반자적 입장에서 고민하는 것입니다.

그 결과 이들은 기업을 대신해 자신의 인터넷 공간과 인적 네트워크에 마케팅을 진행하고 제품을 유통함으로써 유통비와 마케팅비로 지불되는 금액을 자신의 몫으로 가져오게 되었고, 이런 네트워크 사업은 학술적으로도 가장 훌륭한 시스템으로 인정받은 바 있습니다.

쉽게 예를 들 수 있는 것 중에 하나가 직거래를 통해 자신의 인적 네트워크에 물건을 전달하고, 판매자나 생산자로부터 높은 마진을 얻는 네트워크마케팅 사업입니다. 미국에서는 이 사업이 대공황 이후부터 시작되어 80년대 무렵 폭발적인 성장세를 기록했습니다.

당시 미국에서는 네 가정 중에 한 가정이 이 사업을 진행했는데, 이들은 일상적인 용품부터 값비싼 가전제품들까지 다양한 물건들을 적극적으로 자신의 네트워크에 소개한 뒤 기업들로부터 일정한 마진을 가지고 갔습니다. 그 결과 미국에서는 매해 20%씩 네트워크마케팅 신흥부자들이 탄생

했고, 그 외에도 많은 이들이 안정적인 수입을 지금까지도 얻고 있습니다.

또한 이런 변화를 몸소 체험하고 있는 것은 소비자들만이 아닙니다. 앞서가는 기업들도 이런 소비자들의 성향을 제대로 파악하고 적극적으로 소비자들과 윈윈의 관계를 형성하기 위해 많은 노력을 하고 있습니다. 기업들로서는 이 적극적인 소비자들을 활용해 일정한 성과 수당을 통해 개인 사업자들의 유통을 독려하면 유통 마진을 줄이고 훨씬 큰 이윤을 얻을 수 있기 때문입니다.

3. 아이덴슈머 마케팅이 제공하는 새로운 비즈니스 기회

최근 들어 아이덴슈머 마케팅은 전 세계 곳곳에서 각광받고 있을 뿐 아니라 현재 우리나라 대기업들에게도 인기입니다.

이들은 소비자와 협력해 자신들의 제품을 광고하고 판매하는 새로운 전략을 통해 더 많은 이익을 남깁니다.

개인 사업자들에게 시스템을 통해 유통과 소비문화에 일대 혁명을 예고한 굴지의 유통회사들의 노력도 같은 맥락으로 볼 수 있습니다.

그렇다면 이런 아이덴슈머 마케팅이 강력한 힘을 발휘하는 이유는 무엇일까요? 그것은 바로 윈윈의 관계설정에 있습니다.

요즘처럼 경쟁이 치열한 세상에서 기업들에게 생산비와 마케팅비 절감은 곧 경쟁력과 연결됩니다. 경쟁이 치열한 상황에서는 저가로 좋은 품질의 제품을 만들어야 소비자의 호응을 받을 수 있기 때문입니다.

따라서 생산비 절감이 기업의 생존과 직결되는데, 이럴 때 아이덴슈머들은 아이디어를 제공하고 그 상품을 스스로 소비하는 동시에 다른 이들에게도 전달해 기업의 이익에 기여합니다.

다시 말해 아이덴슈머 마케팅은 기업과 소비자가 함께 만들어가는 윈윈의 시스템이며 강력한 신뢰관계를 바탕으로 하기 때문에 한번 설정되면 쉽게 깨어지지 않습니다.

이미 선진국들에서는 이런 아이덴슈머들의 활약이 기업 매출의 많은 부분을 차지하고 있으며, 앞으로도 아이덴슈머 마케팅의 입지는 더욱 커질 것으로 보입니다.

또 하나 아이덴슈머 마케팅이 각광받는 이유는 이것이 누구나 도전해볼 만한 사업이기 때문입니다.

이를테면 인적 네트워크만 가지고 있으면 큰 자본 없이도 기업과 신뢰 관계를 맺고 자신들의 영역에서 활발하게 제품을 소개하거나 소비하는 것만으로 수익금을 기하급수적으로 늘려갈 수 있습니다.

물론 작게 시작해 꾸준히 일궈가는 사업보다 큰 자본금으로 크게 하는 사업만이 진짜 사업이라고 생각하는 분들도 계실 겁니다. 하지만 현실은 냉혹하기만 합니다.

소비재를 판매하는 매장 하나를 연다고 생각해 봅시다. 서울을 제외하고라도 작은 소도시에서 체인점 하나 여는 데도 최소 1~2억의 자본금이 필요합니다.

제과점과 피자집은 최소 2억 원으로 산출됩니다. 여기에 다소 규모 있는 음식점이나 레스토랑을 차리려면 권리금, 인테리어비 등을 포함해 3억을 거뜬히 넘길 수밖에 없습니다.

이때 장사가 잘된다면 상관이 없지만, 일단 차려놨다고 모두가 성공하는 것도 아닙니다.

한 통계에 의하면 자영업자의 80%가 5년 내에 문을 닫고, 성공하는 이들은 10% 내외에 불과하다고 합니다. 다시 말해 남의 말만 믿고, 왠지 될 것 같아서, 자신의 모든 재산 또는 부채로 사업을 시작하는 것은 어리석은 일입니다. 돈과 규모를 크게 해서 돈을 벌겠다는 생각은 디지털 시대에는 통하지 않는 상식인 것입니다.

그런 면에서 아이덴슈머 마케팅은 네트워크 영역이 확장되고 유통 과정의 혁신이 이루어진 디지털 시대에 떠오르는 최고의 사업이라고 할 수 있습니다.

첫째, 이 사업은 따로 오프라인 매장이 필요하지 않으므로 거의 무자본으로 시작할 수 있습니다.

둘째, 자신이 가진 네트워크 영역에 따라 얼마든지 사업의 규모를 조절할 수 있으며 설사 상품을 소비하지 않는다고 해도 그 자신만 사용해서 일정한 수익금을 기대할 수도 있습니다.

다시 말해 네트워크 시스템은 현명한 소비의 시작이자 현명한 사업의 시작점이 될 수 있다는 점에서 디지털 소비자들에게 가장 적합한 사업인 셈입니다.

4. 아이덴슈머 마케팅으로 부자가 된 사람들

백만장자 연구가로 유명한 토머스 스탠리 박사는 백만장자들은 단순히 재산을 모으는 능력이 탁월했기 때문만이 아니라 몸에 배인 사고방식과 생활방식도 중요한 성공의 원천이 되었다고 말합니다. 다시 말해 부자가 되려면 부자 마인드와 자신만의 경쟁우위를 가져야 한다는 것입니다. 그가 여기서 부자가 될 수 있는 경쟁우위의 원천으로 꼽은 것은 돈과 지식, 정보와 네트워크였습니다.

첫째, 돈이 있는 사람은 부자가 될 수 있습니다.
: '돈이 돈을 번다' 는 속설이 말해주듯이 돈이 있어야 투자도 할 수 있고 사업도 할 수 있는 것입니다. 그러나 여기에는 문제가 하나 있습니다. 그 투자나 사업이 반드시 잘된다는 보장은 없다는 점입니다.

둘째, 지식이 있는 사람도 부자가 될 수 있습니다.
: 컴퓨터 운영체제인 윈도우 시리즈 하나로 세계 최고의 부호가 된 빌 게이츠는 부자가 되는 데 있어 지식의 위력을

보여준 좋은 사례입니다. 또한 주식이나 부동산을 공부해 많지 않은 종자돈을 갖고 상당한 부를 쌓을 수도 있었습니다. 그러나 이런 지식들은 자신들의 생업을 포기할 정도로 한 분야에 올인해서 치열하게 공부해야만 쌓을 수 있는 것입니다.

셋째, 정보 수집과 활용을 잘하는 사람도 부자가 될 수 있습니다.

: 남보다 앞서 좋은 사업 정보를 얻는다면 앞서 시작해 큰 이익을 얻을 수 있습니다. 또한 미래의 트렌드 흐름과 소비 성향의 변화 등에 관한 정보를 신속하게 활용해도 상당한 이익을 누릴 수 있습니다. 이것은 현재 진행되고 있는 정보화 사회에 걸맞은 성공 방법입니다.

넷째, 강력한 네트워크를 갖고 있는 사람도 부자가 될 수 있습니다.

: 서로 성공과 지식, 정보를 나눌 수 있는 사람을 네트워크로 묶어 활용할 수 있다면 돈과 지식과 정보를 통해 새로운 파이프라인을 창출할 수 있고 네트워크에 참여하는

사람들도 기여도에 따라 분배를 받을 수 있습니다.

　네트워크마케팅을 통해 부자가 된 사람들은 대부분 위의 조건 중에 정보와 네트워크의 힘을 통해 아래와 같은 사업을 이루고 있습니다.

※ 21세기 최고의 비즈니스 상품군

분　류	품　목
제1상품군	생필품, 건강관련 기능성 제품군
제2상품군	카탈로그 및 위탁상품
제3상품군	하이테크 첨단 고가제품
제4상품군	서비스, 소비회원 유치, 제휴상품 쇼핑몰 운영

　과연 당신 생각은 어떻습니까? 당신은 부자가 될 가능성이 있습니까? 과연 얼마나 많은 시대와 사업에 대한 정보를 가지고 얼마나 끈기있게 네트워크의 힘을 믿고 있습니까? 그렇다면 부자가 될 가능성을 높이기 위해 지금 당신은 어떤 노력을 하고 있습니까?

4장
노후를 위해 더 이상 미루지 말라
- 행복한 노후, 불가능한 꿈이 아니다

　사람은 자기가 가장 잘 할 수 있는 일을 할 때 뛰어난 능력을 보입니다. 다시 말해 내가 무엇을 원하고, 얼마만큼의 수익과 성공을 원하며, 내가 가장 잘 할 수 있는 분야가 무엇인지 그 목표를 설정하고 거기에 걸맞은 능력을 키워야 합니다.

　이를테면 활달하고 대인관계가 좋은 사람이 혼자 하는 일에 종사한다면 자기 능력을 백퍼센트 발휘하기 힘듭니다. 그 사람은 다시 한 번 '변화의 물결'에 몸을 실어 상황을 능동적으로 바꿔야 할 필요가 있습니다. 하루하루 정해진 일당에 시간을 잘라 파는 대신 열정적이고 계획적으로 사람을 만나는 직업을 가지는 편이 장기적으로 볼 때 유리하다는 뜻입니다.

이처럼 자신이 무엇을 잘하고 무엇을 배우면 잘할 수 있을지 숙고하는 과정을 거치다 보면 자연스레 경쟁력도 커집니다.

즉, 경쟁력이란 단순히 많이 알거나 자격증이 있다고 해서 가질 수 있는 것이 아니라 경험과 실패에서 얻은 교훈, 미래에 대한 희망 등 살아있는 삶 속에서 자라납니다.

그런데 이런 경쟁력의 학습 과정에 빠지지 않는 중요한 요건이 있습니다. 바로 나보다 먼저 그 사업을 한 사람이 말하는 성공의 경험, 즉 노하우를 배우는 일입니다.

구두를 닦는 일, 라면 집 운영 등 아무리 작아 보이는 사업에도 '노하우' 는 존재합니다. 이 노하우란 그 사업만이 가질 수 있는 경쟁력의 핵심이자 오랜 경험 속에서 가장 합리적으로 만들어진 것입니다.

즉 사업을 시작할 때는 그 사업의 체계적인 플랜, 즉 노하우가 있는지를 반드시 살펴야 합니다. 일단 어떤 사업이 체계적이고 훌륭한 플랜을 가지고 있다면 그 사업은 많은 부분에서 신뢰할 만합니다. 선배 사업자들이 걸어온 길 속에서 엑기스를 뽑아 만든 귀중한 '모범답안'이 있는 사업은 이미 절반의 성공을 보장하기 때문입니다.

1. 자유를 향한 길목, 시스템의 비밀

바쁜 현대 사회를 살다 보면 너무 급한 나머지 원칙을 무시하는 일이 많습니다. 사업에 대해 제대로 알아보지도 않고 경험도 없이 무작정 달려들려고 합니다. 하지만 성공에는 결코 지름길이 없습니다. 겪어야 할 일은 반드시 체험해야 한다는 뜻입니다.

하지만 이 모든 경험들 중에서 실패의 가능성을 최대한 줄일 방법이 있습니다. 바로 앞선 이들의 경험을 배우는 시스템의 복제입니다.

흔히 네트워크 비즈니스에서는 사업에 대한 열정과 확신이 성공으로 가는 길이라고 말합니다. 그런데 또 하나 중요한 가치가 있습니다.

바로 이 비즈니스가 누구나 성공할 수 있도록 도와주는 검증된 시스템을 가졌다는 점입니다. 이 비즈니스를 시작할 때 가장 중요한 것은 자신의 고집 전에 그 시스템을 겸허하게 받아들이는 마음가짐입니다.

몸을 움직이는 데 둘째가라면 유도 선수도 레슬링을 배울 때는 자신의 습관과 고집을 털어내고 새로운 마음으로 임합니다. 마찬가지로 일반적인 사업과는 개념 자체가 다른 네트워크 비즈니스도 그 복제 프로그램을 요구합니다. 각자의 창의력과 개성을 존중하되 시스템이라는 원리 원칙을 충실히 지키는 것입니다.

아무리 유명한 스포츠 스타도, 연예인들도, 결과적으로는 그 원칙을 충실히 지킴으로써 명예와 부를 거머쥡니다. 하물며 사업자는 어떻겠습니까?

다시 말해 이 사업을 시작하려면 시스템이 사업을 성장시키는 기본 틀이라는 것에 대한 믿음을 가져야 합니다. 실제로 네트워크 비즈니스에서 성공한 사람들은 대다수 시스템 안에서 움직였던 사람들입니다.

그들은 자신의 능력과 노력도 중요했지만, 시스템이 있었기에 성공이 있었다고 말합니다. 사람을 변화시키고, 변화된 인간관계 속에서 휴먼 네트워크(human network)를 만드는 네트워크 비즈니스 시스템, 그것이 바로 이 사업의 성공 툴(tool)인 것입니다.

그렇다면 네트워크 비즈니스의 시스템은 어떤 중요한 틀을 가지는지 지금부터 상세히 살펴보도록 하겠습니다.

2. 디지털 소비자들과 함께 파이프라인을 구축하라

시대마다 각광받는 시스템은 그럴 만한 이유가 있습니다. 흔히 네트워크 비즈니스 사업을 시스템의 사업이라고 부릅니다. 실제로 네트워크 마케팅에서 시스템은 아무리 중요성을 강조해도 지나치지 않습니다.

유명한 파이프라인 우화를 통해 검증되고 있습니다. 이 이론은 나의 노동력이 아니라, 내가 소유한 자산, 내가 소유한 돈, 내가 소유한 시스템, 내가 고용한 사람들이 나를 위해 일하도록 만드는 시스템을 구축하라는 것입니다.

마을에 물을 길어서 팔던 두 청년이 있었습니다. 두 청년은 동업을 했습니다. 그 와중 한 청년이 당분간 힘들겠지만 땅을 파서 마을까지 파이프라인을 깔자고 제의했습니다. 그렇게 되면 초반에는 힘이 들어도 물통을 지고 나를 필요없이 물을 마을에 지속적으로 공급할 수 있었기 때문입니다. 하지만 나머지 한 친구는 그냥 물통에 담아서 팔겠다고 그의 제안을 거절했습니다. 그리고 아침 일찍 일어나 힘들게 땅을 파고 파이프라인을 구축하는 친구를 비웃었습니다.

그렇다면 결과는 어떻게 되었을까요?

결국 파이프라인을 까는 데 성공한 친구는 경제적으로도 자유를 얻고, 시간적으로도 자유를 얻었습니다. 나머지 한 청년이 힘겹게 물통을 질 때 그는 거둬들인 돈으로 또 다른 파이프라인을 파서 부자가 될 수 있었습니다. 그리고 힘들게 물통을 지고 나르는 친구를 안타깝게 바라보며 그에게도 파이프라인을 구축하는 방법을 가르쳐주게 됩니다.

이처럼 경제적, 시간적 자유를 모두 얻으려면 결국 파이프라인, 즉 시스템을 소유해야 합니다.

세계적인 베스트셀러인 『해리포터』의 저자 조앤 롤링을 봅시다. 그녀는 결코 아침부터 밤까지 쉬지 않고 글을 쓰는 것이 아닙니다. 그녀는 책의 인세라는 돈이 벌리는 시스템을 만들었기에 자고 있는 중에도 수익을 가져갑니다.

그리고 바로 이 파이프라인을 구축하고, 그것을 자신의

주변에도 전달함으로써 성공을 복제하는 것이 바로 네트워크 비즈니스 시스템의 핵심입니다.

일찍이 네트워크 비즈니스의 원리를 신뢰하고 이 원칙들이 사람들에게 재정적인 자립을 가져다 줄 것이라고 믿는 이들은 수많은 강연과 세미나를 통해서 꿈을 전달했습니다. 그리고 이 사업이 통일된 방법으로 복제가 일어날 때, 더 확장된다는 점을 깨닫고 체계적인 교육 시스템을 만들었는데, 이것이 네트워크 비즈니스 시스템을 탄생시켰습니다. 이후 실제로 수많은 이들이 이 시스템을 통해 사업에서 성공함으로써 자유를 얻게 되었습니다.

다시 말해 네트워크 비즈니스 시스템은 자신의 비즈니스 시스템을 통해 정보와 계획을 전달해가는 과정입니다.

즉 ① 먼저 시스템을 배우고, ②배운 것을 가르치고, ③가르칠 사람을 시스템으로 성장시켜가는 사업인 것입니다.

이 책 내용 앞부분에서 우리는 디지털 시대에 등장한 아이덴슈머 소비자들에 대해 알아보았습니다. 이제 내 주변에 수없이 존재하는 이 디지털 소비자들이 내 성공의 동반자가 될 수 있습니다. 그들이 사고파는 값싸고 질 좋은 상품을 매개로 무한한 인터넷 공간과 내가 가진 인적 네트워크 안에서 성공의 시스템을 일구고 전달할 수 있는 기회속에서 당신의 성공을 만들어 갈 수 있기 때문입니다.

그럼 지금부터 새로운 21세기의 시스템이라 불리는 네트워크 비즈니스의 특 장점을 알아보도록 하겠습니다.

3. 당신만의 프랜차이즈를 여는 시스템의 원칙

네트워크 시스템은 한 개인이 검증된 제품 구조 속에서 작지만 알찬 프랜차이즈를 여는 것과 비슷합니다. 사업을 지원하는 회사 차원의 안정적인 시스템을 바탕으로 하나 하나 성공 원칙을 배워나가며 사업의 꿈을 펼칠 수 있습니다.

다음은 네트워크 회사들이 제공하는 시스템이 가진 특 장점 4가지를 소개하겠습니다.

① 누구나 따라할 수 있어야 한다

소수의 사람만이 성공할 수 있는 시스템은 그들에게는 소중할지 몰라도 많은 사람들에게 환영받지 못합니다. 즉 누구에게나 사업 기회가 제공되어야만 그 사업의 영역도 넓어지고 더 많은 사람들이 경제적 자유를 얻게 됩니다.

만일 네트워크 비즈니스가 학력이나 성별, 나이, 경제적 능력의 조건과 제한이 있었다면 결코 성장을 이룰 수 없었을 것입니다. 네트워크 비즈니스는 꿈을 이루고자 하는 마음만 있다면 누구나 도전해볼 수 있는 사업으로 많은 이들을 통해 검증된 사업이기도 합니다.

② 노력이 축적되고 복제된다

예전 직장이나 자영업에서는 한 번 노력한 만큼의 결과만 이득을 가져왔습니다. 그러나 네트워크 시스템에서는 한 번의 노력이 복제에 복제를 반복하며 엄청난 파이프라인을 구축하는 결과를 만들어냅니다. 이 달의 노력이 다음 달로 그리고 내년으로 지속적으로 이어지고 축적되는 것입니다.

즉 일정 기간 시간과 노력을 투자하면 처음 1명에서 10명, 100명, 1000명, 1만 명, 10만 명으로 커다란 네트워크가 형성되게 마련이며, 이렇게 복제된 사업이 시스템 속에서 자율적으로 움직이며 수익을 내게 됩니다. 즉 2~5년의 노력이 옛날식 사업의 20~50년의 결과를 가져다줄 수도 있다는 뜻입니다.

③ 정보와 지식, 꿈을 공유한다

네트워크 비즈니스는 기본적으로 윈윈의 시스템을 가집니다. 회사와 사업자, 사업자와 사업자들이 잦은 만남과 세미나를 통해 정보와 지식을 나누게 됩니다.

따라서 어려움이 생겨도 혼자 고민하고 해결하는 것이 아니라 시스템 내에서 함께 문제를 해결해나갈 수 있습니다. 나 자신의 이익이 상대의 이익이고, 상대의 이익이 나 자신의 이익인 만큼 서로의 꿈을 시스템을 통해 키우고 발전시켜 나갈 수 있습니다.

④ 고정관념과 거절을 함께 극복한다

새로운 개념은 반드시 고정관념과 충돌을 일으키게 마련입니다. 이 네트워크 비즈니스도 마찬가지입니다. 성공 시스템을 신뢰하지 않는 주변 사람들로부터 편견의 시선을 받게 될 때도 있습니다. 그럴 때 만일 나 혼자라면 그 고정관념을 극복하기가 쉽지 않습니다. 하지만 시스템은 여럿이 함께 장애물을 극복하게 만들고, 편견을 가진 이들까지 성공의 시스템 안으로 안착할 수 있는 힘을 발휘합니다.

4. 안정적인 사업으로 지속적인 성장을 구축

네트워크 비즈니스는 지금도 늦지 않았다는 열정과 확신만 있다면 적은 자본금으로 시작해 지속적인 수익 구조를 달성할 수 있는 검증된 사업입니다.

네트워크마케팅이 21세기 최후의 마케팅이 될 수밖에 없는 이유는 바로 적절한 단단한 네트워크 구조, 나아가 보상 플랜에 있습니다.

예를 들어 일반 인터넷 쇼핑몰은 회원은 몇 백만 명에 매출도 크지만, 때로는 적자를 면하기 힘든 경우가 있습니다. 그 이유는 일단 가입한 소비자들에게 구매를 유도하기 위해서 어마어마한 이벤트, 광고 비용을 지불하기 때문입니다. 이는 소비자들이 인터넷 가격 비교검색을 통해서 쉽게 다른 사이트로 이동할 수 있기 때문입니다. 그래서 쇼핑몰로서는 적립금, 포인트 등을 주어 고객을 유치하기 위해 갖은 노력을 다 할 수밖에 없습니다.

그러나 네트워크 비즈니스는 다릅니다. 이 네트워크는 소비자들끼리의 관계로 형성되는 만큼 소비자들도 구매 패턴을 쉽게 바꾸지 않게 됩니다. 게다가 값싸고 질 좋은 제품을 살 수 있으니 일거양득인 것입니다.

또한 마케팅 회사 또한 무조건적으로 회원 모집에 목표를 두지 않고 실질적이면서도 강력한 소비자 멤버십을 형성하는 데 더 큰 관심이 있습니다. 때문에 인터넷 상뿐만 아니라 오프라인 상의 모임(meeting)도 활발히 이루어집니다.

나아가 이 네트워크 비즈니스는 다양한 보상플랜을 가지고 있습니다. 우리나라에는 약 450개 이상의 네트워크 마케팅 업체가 등록되어 있는데 이 중 70%는 불법 다단계 판매처이고 나머지 30%가 검증된 회사입니다.

그런데 이들을 구분하는 가장 중요한 것이 바로 보상플랜입니다. 과연 그 회사가 적절한 수준의 보상 수준을 유지하고 회원들에게 사재기를 요구하지 않으며, 합리적인 보상 시스템을 가지고 있다면 당신에게 피해를 주지않는 회사입니다.

이 같은 단계를 거쳐 함께 사업할 회사를 택하고 일정한 성장을 거두고 나면 다음과 같은 혜택이 주어집니다.

- 무한대의 인세소득자가 된다
- 불경기가 없는 안정적인 수입을 가져다 준다
-시간적 자유를 함께 가져다준다
-현재 직업과 병행할 수 있는 사업이다
-21세기형 유망 사업이다

성공의 첫 단추는 바로 그 자신에서 시작됩니다. 즉 현재 내 상황은 어떤지, 내 역량은 얼마나 되는지, 내 장·단점은 무엇인지, 더 나아가 왜 이 사업을 하려고 하는지 등 마인드

체크가 필요합니다.

두 번째 단추는 적절한 시기입니다. 성공의 기회가 있을 때 그것을 잡을 수 있는 단호한 결단이 필요합니다.

마지막 성공의 단추는 바로 함께 하는 사람들입니다. 만일 자신에 대한 객관적 평가가 어렵다면 신뢰할 만한 사람들에게 충분한 조언을 얻어야 합니다.

성공하고 싶다면 상세히 살펴본 뒤, 적절한 시기에 문을 두드리십시오. 그리고 하나씩 배워가면 됩니다. 처음부터 잘하는 사람은 없었습니다. 과정 속에서 성장하는 사업, 더 큰 꿈을 키워주는 사업, 그것이 진정한 비즈니스일 것이며, 여러분에게 어울리는 사업일 것입니다.

당신은 이 사업을 통해 성공할 수 있으며, 어떠한 어려움 속에서 당당히 당신의 미래를 설계할 수 있습니다.

다음 장에서는 체계적인 시스템 구조를 통해 확신있는 성공플랜을 만나시길 바랍니다.

- 성공은 단계적인 과정으로 시작된다

1단계 : 꿈과 목표 키우기

사업은 자기를 믿지 못하면 흔들릴 수 밖에 없습니다. 그리고 이런 믿음을 가장 확고히 만들어주는 것이 바로 목표 설정입니다. 결국 자신이 무엇을 이루고 싶은지, 얼마나 이 사업을 크게 확장할 것인지에 대해 항상 미래를 꿈꾸고 그 안에서 체계적인 계획을 세워야 합니다. 그러기 위해서 도움이 되는 것은 바로 서약서의 다짐으로부터 시작되어야 합니다. 내가 이 꿈을 포기하지 않고 일궈갈 것이며, 내 목표를 위해 정진하겠다는 다짐을 통해 성공을 일궈야 합니다.

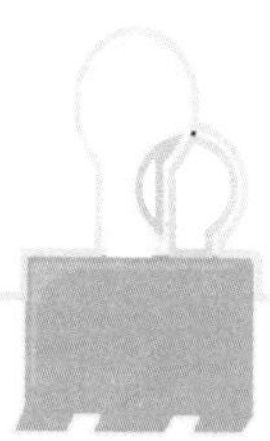

성공을 향한 꿈의 서약서

나는 이 사업을 통해 다음과 같이 행동하며 지킬 것을
서약합니다.

1. 나는 행복한 미래와 성공적인 삶을 위해 주도적인
   활동을 할 것이다.
2. 좌절하거나 중간에 포기하지 않을 것이다.
3. 스폰서(사업자 전달자)의 조언과 함께 긍정적인
   사고로 내 꿈의 실현을 위해 최선을 다할 것이다.
4. 하루 한 명 이상 후원(사업설명회)을 한다.

년　　월　　일

서명 ○ ○ ○ 인

2단계 : 동기부여와 열정

지금껏 여러 사업들을 살펴보았고 시작을 통해 마음의 준비를 했다면, 이제는 그것을 독려하고 열정을 불러일으킨 방법을 고민해야 할 것입니다. 그러기 위해서 먼저 자신이 자신에게 힘을 주는 동기부여가 반드시 필요하다. 다음은 동기부여를 위해 필요한 3가지 행동 원칙을 따라해 봅시다.

① 매일 30분의 독서

목표를 향해 달려 나갈 때 난관에 부딪칠 때가 있습니다. 그럴 때 책은 난관을 이겨낼 지혜를 선사하는 최고의 조언자입니다. 실제로 성공한 많은 사람들은 비즈니스의 지식, 인간관계를 쉽게 풀어가는 법, 유려한 말솜씨 모두를 풍부한 독서에서 얻었다는 점을 기억해야 합니다.

② 동기부여 테이프 듣기

테이프로 듣는 강연은 생생하고 강렬한 육성을 직접 귀

로 들을 수 있으므로 집중도가 높고 임팩트도 강하다. 또한 출퇴근 등 이동하는 시간만 잘 활용해도 충분히 이해가 가능하며 새로운 동기부여를 축적할 수 있다. 크게 성공한 네트워크 사업자들은 대부분 이 테이프 강연에서 많은 것을 배웠다.

③ 미팅에 성실하게 참석하기

네트워크 비즈니스 미팅은 앞서 사업을 시작한 스폰서들에게 조언을 듣고 자신의 문제점을 속 시원하게 털어놓을 수 있는 기회의 자리이다.

훌륭한 경험과 노하우를 가진 이들의 이야기로부터 힘을 얻고 차근차근 따라가다 보면 내가 원하는 목표 지점에 가는 일도 한결 수월해질 수 있다.

3단계 : 명단 작성하기

흔히 "사람은 사람을 원한다"는 말이 있다. 사람은 사회

속에 존재하는 동물이기 때문이다. 그리고 그 안에서 더불어 성공해가면서 그 성공의 가치를 타인과 나누게 된다. 그것이 바로 성공의 네트워크다. 그리고 이 성공 네트워크를 찾아가는 본격적인 첫 단계가 바로 명단 작성이다.

여기서의 명단 작성이란 단순히 아는 사람의 이름을 나열하는 것이 아니라 앞으로 내가 누구를 만나고, 누구를 내 성공 시스템 안에 포함시켜 협력과 발전을 이루어갈 것인가를 결정하는 일이므로 신중한 고민과 노력이 필요하다. 다음은 명단작성을 할 때 필요한 원칙이니 숙지하고 실행해보자.

① 좋은 명단 작성의 6가지 요령

1. 명단을 작성할 때는 스폰서와 함께 한다.
2. 1시간가량 시간을 두고 아는 사람을 모두 적는다.
3. 최소한 50명이 되도록 한다.
4. 이들의 직업과 직장, 연령대, 거리 등으로 분류한다.
5. 사업을 같이 하고 싶은 사람을 먼저 적는다.
6. 명단을 프린트해 항상 지참하고 새로운 사람을 추가하거나

삭제하는 등 업데이트 한다.

② 네트워크 인맥 조직 시 고려해야 할 6가지 조건

1. 모임, 또는 다른 조직들로 같은 관심사를 키워가라.
2. 나와 비슷한 관심사를 가진 사람, 동기를 주는 사람과
   친해져라.
3. 대화를 나누고 싶은 이들의 명단을 작성하라.
4. 다른 이와 더불어 장차 필요하게 될 것들을 찾아나서라.
5. 다른 사람의 의견을 귀 기울여 들어라.
6. 역할 모델을 찾아라.

4단계 : 초청하기

처음부터 머릿속으로 많은 사실을 알아도 네트워크 비즈
니스는 사람을 직접 만나지 않으면 이루어질 수 없는 사업
이다. 네트워크 비즈니스의 매 시스템 단계가 중요하지만
이 약속과 초대의 단계는 사업 초기의 성패를 판가름하는

중요한 요소가 된다. 사업의 파트너를 제대로 내 편으로 만드는 가장 중요한 첫 단추를 꿰는 일이기 때문이다.

만일 상대와 약속을 잡고 초대를 하는 방법이 세련되고 호감 간다면, 상대를 내 동반자로 만들 가능성도 훨씬 커진다. 반대로 시도가 거절당할 수도 있다. 하지만 거절을 너무 두려워할 필요는 없다.

한국 사람들은 누군가에게 다가가 먼저 약속을 잡는 일에 익숙지 않다. 따라서 처음 시도할 때는 대부분 몇 번의 실수를 경험한다. 그러나 길게 보고 만나는 사람을 내 인맥으로 생각하고 노하우를 키워 가면 얼마 안 가 능숙한 약속과 초대의 방법을 알게 된다.

① 성공하는 초대를 위한 10가지 실행법

1. 전화를 걸 때, 미리 메모를 하라.
   당신이 원하는 바와 그것을 어떻게 전달하고 요청할지를 미리 생각하는 것이다.
2. 누군가를 만날 때는 당신이 찾고 있는 것을 명확히 전달하고 서로 피드백하라.

3. 지금까지 타인에게 배웠던 노하우를 상대에게 알려라.

4. 좋은 소식, 나쁜 소식을 가리지 않고 정보를 습득하라.

5. 상대의 의견, 제안 등을 잘 들어라.

6. 당신이 경험했던 분야의 정보로 도움을 주어라.

7. 상대에게 당신에게 조언을 줄 수 있는 사람을 소개받아라.

8. 상대방의 시간을 너무 많이 빼앗지 말라.

9. 대화를 마칠 무렵, 당신이 상대에게 해줄 수 있는 것,
   상대가 내게 해줄 수 있는 것을 요약해 공유한다.

10. 간단한 사후점검과 함께 감사의 글을 전달한다.
    이메일도 좋다.

5단계 : 사업 설명

우리는 대부분 새로운 사업에 대해 이질감을 느낀다. 또한 극히 일부만 가지고 한 사업을 평가하기도 한다. 그럴 때 정확한 플랜을 제시해서 이 사업이 허황한 꿈이 아니며 누구나 도전해서 얻어낼 수 있는 가치라는 것을 주력해서 설명해야 한다. 고정관념이 깨지면 상대도 잃어버린 열정

을 되찾고 흥미를 가지게 된다. 또한 비즈니스 플랜을 명확하게 제시하는 것은 파트너가 될 사람이 그 사업을 통해 성취할 미래를 눈에 그려볼 수 있도록 도와주는 일이다. 따라서 네트워크 비즈니스 사업설명은 단순히 말의 나열이 되어서는 안 된다. 가능한 한 긍정적이면서도 정확하게 눈으로 직접 확인해볼 수 있는 프리젠테이션 자료 등을 철저히 준비하는 것도 반드시 필요하다.

① 사업 설명회를 위한 체크 포인트

1. 사업상의 장소에서는 복장 및 용모를 단정히 한다.
2. 상대가 미팅 장소에 어린아이들을 동반하지 않도록 미리 전달한다.
3. 강의 전에 휴대폰을 꺼 강의 진행에 방해가 되지 않도록 한다.
4. 강의장에서는 어떠한 음식물(커피 및 음료수 포함)도 반입을 금지한다.
5. 파트너들을 접할 때, 항상 웃고 먼저 인사한다.
6. 교통편은 가능한 한 각자가 해결하도록 한다.

7. 새로운 파트너가 초대되면 업 라인 스폰서에게 소개한다.

8. 사업자 상호간에 금전 거래는 절대 하지 않는다.

9. 교육장 안에서 본인의 직업에 대한 권유(예: 보험 가입,
   각종 회원 가입 신청, 자동차 구입 권유 등)를 하지 않는다.

10. 사업적인 만남에서 정치적, 주관적 이야기는 피한다.

11. 모든 공식적인 모임에서의 비용은 되도록 각자의 부담으로
   한다.

6단계 : 후원하기

사업설명회가 끝났다면 이제는 상대로부터 피드백을 받고 원하는 정보와 사업 방법을 알려주는 사후관리에 들어가게 된다. 흔히 사후관리를 기계적으로 하는데, 이 단계는 상대에게 이익을 넘어 인간적으로 소중히 여긴다는 느낌을 주는 일이다.

실제로 그저 한 번 만나 인사를 나누고 사업상 이야기를 나누었을 뿐인데 그가 나를 잊지 않고 정기적으로 연락해 온다면 어떨까? 아마 처음에는 "저 사람이 나한테 뭘 바라

고 저러나?' 의심이 들 것이다. 하지만 그것이 두 번, 세 번, 네 번 지속되면 어떨까? 자연스럽게 경계를 거두고 그에게 고마운 마음을 가지게 된다.

또 하나 중요한 것은 상대가 당장 내 파트너가 되지 않더라도 오랜 시간 지속적인 관계를 유지해야 한다. 흔히 한두 번 사후관리를 하다가 귀찮다거나 불편하다는 이유로 그만두는 경우가 있는데 그런 사후관리는 아예 하지 않는 것만 못하고 오히려 평판만 나빠질 수도 있다.

① 사후관리에서 필요한 5가지 점검 사항들

1. 나는 타인에게 칭찬을 많이 하는 편인가?

2. 타인을 칭찬할 만한 이유를 적극적으로 찾고 있는가?

3. 타인의 도움이나 업적에 대해 적절한 보상과 인정을 하는가?

4. 타인의 잘못을 발견했을 때 즉각적으로 지적하려 들지는 않는가?

5. 타인을 나의 이익 때문이 아니라 진심으로 위하며 격려하는가?

7단계 : 상담

여러 단계를 거치면서 적지 않은 시간 투자를 했다면 이제는 지금껏 쌓아온 것들을 정리하고 실행할 시간이다. 이 실적 창출은 이 모든 과정의 성과와 자기 발전을 눈으로 확인할 수 있는 단계로서 잘 뿌려놓은 씨앗을 거두는 순간이다.

이 단계에서는 직접 사업자가 될 사람들을 만나는 일들이 빈번해진다. 이럴 때 효과적인 결실을 거두기 위해서는 구구절절 설명을 되풀이하는 대신, 요점만 명확히 그러나 열정적으로 전달해야 한다.

실적 창출 단계에서 반드시 기억해야 할 몇 가지가 더 있다. 우선 상대를 만나기 전에 왜 상대가 바쁜 시간을 쪼개어 나를 만나는지를 생각해야 한다. 그것은 그 역시 '이익'을 원하기 때문이다. 따라서 구체적으로 사람을 만날 때는, 이 사업을 통해 무엇을 얻을 수 있는지를 정확하고 선명하게 전달할 수 있어야 한다.

그러나 처음부터 실적에만 연연하다 보면 실망만 하게 될 수 있으므로, 지금 당장의 액수보다는 실적 창출 또한 엄

연한 과정이라는 마음으로 임해야 한다.

8단계 : 성공 시스템 복제와 리더십 배우기

네트워크 비즈니스는 결코 혼자서는 할 수 없는 사업이다. 따라서 나만의 이익뿐만 아니라 나와 함께 하는 파트너의 이익까지 생각하는 쌍방향적인 팀워크가 반드시 필요하다. 다시 말해 나보다 경험 많은 스폰서나 업라인의 성공 방식을 복제해 나의 사업을 키워나가는 동시에, 반드시 그것을 또다시 다운라인에게 전해주어야 한다. 이처럼 튼튼한 팀을 구성해놓으면 어려운 일이 있을 때 서로 도움을 주고받을 수 있을뿐더러 사업과 삶에 대한 많은 지표를 얻을 수 있다.

무슨 일이든 혼자서 정상에 오르는 것은 어려운 일이다. 기업의 성장도 최고 경영자 혼자만의 능력으로는 어렵다. 이것은 네트워크 비즈니스도 마찬가지이다. 내가 가고자 하는 길을 먼저 경험한 스폰서가 내 성공을 이끄는 길잡이라면, 나를 믿고 의지하는 다운라인은 나를 강한 리더로 만들어낸다.

따라서 손발이 잘 맞는 적절한 팀을 구성하는 일은 네트워크 비즈니스의 결정판이며 아주 중요한 요소임을 기억해야 한다. 다음은 이 단계에서 필수적으로 짚고 넘어가야 할 3단계이다.

① 누군가를 가르칠 수 있을 정도로 노하우를 잘 정리하라

아무리 좋은 구슬도 꿰어야 보배가 된다. 마찬가지로 아무리 훌륭한 성공 비결도 나만 알면 아무 소용이 없다. 네트워크 시스템 안에서 다 함께 성공하려면 그 성공 비법을 타인과 나누기 위해 타인에게 가르치고 설명할 수 있을 정도로 잘 정리할 줄 알아야 한다.

② 새로 만난 파트너가 시스템을 따르도록 도와주어라

네트워크 비즈니스의 진정한 힘은 여러 사람이 성공 시스템을 복제하는 데서 생겨난다. 새로 만난 사업자가 이 부분에서 어려움을 겪고 있다면 나서서 도와주어야 한다. 그가 충실히 시스템을 따라 할 때 큰 성과를 낼 수 있기 때문에 그 점을 기억해야 한다.

③ 끊임없이 배워라

원대한 목표를 향해 나아가는 길에 절대적으로 완성된 노하우는 없다. 시간이 흐르면 시대가 변하고 환경이 변하는 만큼 노하우 역시 끊임없는 수정과 보완이 필요하다. 따라서 어느 정도 성공을 거두었다고 그 자리에 멈추지 말고 다른 사업자를 보고 겸손히 배우면서 스스로 배움의 노력을 멈추지 말아야 한다.

네트워크 비즈니스는 하루 아침에 절대로 이루어질 수 없으며, 많은 이들에게 신뢰를 통해 성공할 수 있다. 또한 일확천금을 한 번에 꿈꿀 수 없으며 계획과 함께 긍정적인 자세로 임했을 때 만이 성공할 수 있는 최고의 비즈니스이다.

경제적 길목에서 당당하게 설 수 있는 기회는 있다

21세기 새로운 비즈니스로 각광받는 네트워크 비즈니스의 유래는 1945년으로 거슬러 올라갑니다. '뉴트리라이트'라는 미국의 한 건강기능식품 제조회사가 이 사업 형태를 처음으로 사용했는데, 이 시스템을 처음 고안한 사람은 리 마이팅거라는 세일즈맨, 윌리엄켓 셀버리라는 심리학자라고 합니다.

이 두 사람이 네트워크마케팅 시스템을 적용하게 된 것은 세일즈맨들의 심리를 파악하면서였습니다. 세일즈맨들은 물건을 판매할 때마다 그 물건의 판매 이익을 가져갑니다. 그런데 이때 자신이 모집한 하위 세일즈맨들의 매출에서도 금전적인 보상을 받게 되면 더욱 큰 능력을 발휘하게 된다는 것을 알게 된 것입니다.

이를 통해 마이팅거와 셀버리는 광고비 대신 구전과 소개를 통해 판매하는 편이 비용을 크게 줄일 수 있음을 깨달았습니다. 이후 네트워크마케팅은 미국을 시발점으로 해서 새로운 마케팅 기법으로 자리 잡아왔습니다. 그리고 이제는 새로운 유통방식으로서 전 세계로 파급되었으며 셀 수 없이 많은 사람들에게 경제적 자유를 안겨주었습니다.

그리고 지금 이 순간, 우리 역시 오랜 역사를 가지고도 늘 새로운 네트워크 비즈니스에 한 발을 들여놓고 있습니다. 절대 이룰 수 없을 것 같은 경제적 자유가 현실로 다가오는 순간, 아마 여러분은 이 선택이 얼마나 결정적인 인생의 리턴이었는지를 깨닫게 될 것입니다.

지금 이 순간, 당당하게 자유의 길목에 서십시오. 새로운 꿈을 세우고 다시 태어나십시오. 시스템을 믿고 따라오십시오. 꿈의 실현은 결코 먼 곳에 있지 않습니다. 지금 시작하면 이룰 수 있습니다. 정상에서 만납시다.

_사업이 어렵다고요?

이 질문에 대한 대답은 '사업진행에 따라서 다릅니다' 입니다! 그것은 여러분이 얼마나 큰 네트워크를 얼마나 빨리 이루고자 하느냐에 따라 달라집니다. 네트워크 사업은 여러분이 생각하시는 것처럼 한가지로 정해져 있는 것이 아닙니다.

물론 그동안의 경험을 통해서 우리는 여러분이 성공을 향해 나아가는 데 있어서 우선적으로 중요하게 생각해야 하는 내용이나 기술이 어떤 것들인지 알려 드릴 수 있습니다. 많이 아는 만큼 사업진행도 좋아지는 동시에 자신감도 생길 수 있기 때문에, 지식을 쌓는 것은 무엇보다도 중요합니다.

여러분이 네트워크 사업을 진지하게 생각하면서 전문가가 되고 싶어 하신다면, 처음부터 제대로 된 사업지원 자료(TOOL)를 가지고 시작하셔야 합니다.

시작 단계에서 올바른 결정을 내리신다면 더욱 효율적이고 효과적으로 사업을 하실 수 있을 뿐 아니라 다른 사람들도 여러분이 하시는 그대로 따라 하게 될 것이기 때문에, 장기적으로 보면 시간과 돈을 절약하는 것이 됩니다.

다음에 제시되어 있는 것은, 여러분이 가장 효과적으로 사업을 진행하실 수 있도록 추천해드리는 '툴' 의 목록입니다.

시스템에서 추천하는 도서 리스트

No	도서명	분류	저자
1	네트워크마케터를 위한 초기 3개월 성공테크	사업진행용	김청흠 지음
2	변화 속의 기회	컨택용	박창용 지음
3	네트워크마케팅 시스템을 알면 성공한다	시스템	석세스기획연구회 지음
4	나우! 유턴	컨택용	최병진 지음
5	아바타 수입	컨택용	김종규 지음
6	네트워크 마케터 이혜숙이 그린 꿈의 지도 4,300원의 자신감	사업진행용	이혜숙 지음
7	시작하라	컨택용	장성철 지음
8	네트워크 비즈니스가 당신에게 알려주지 않는 42가지 비밀	사업진행용	허성민 지음
9	고객을 내편으로 만드는 액션플랜	사업진행용	이내화 지음
10	나인 레버	마인드	조영근 지음
11	드림빌더	리더십	김종규 지음
12	삶을 역전시키는 창의성 유머	마인드	김종석 지음
13	책 속의 향기가 운명을 바꾼다	마인드	다이애나 홍 지음
14	최고 인맥을 활용하는 35가지 비결	리더십	박춘식, 장성철 지음
15	변화를 위해 꼭 읽어야 할 10권의 책	리더십	이용길 엮음
16	다섯 친구	리더십	다이애나 홍 지음
17	웰레스트	리더십	이내화 지음
18	살아가면서 한번은 당신에 대해 물어라	리더십	이철휘 지음
19	실패를 핑계로 도전을 멈추지 마라	리더십	이병현 지음
20	출근시작 30분 전	리더십	김병섭 지음
21	남편만 믿고 살기엔 여자의 인생은 짧다	자기계발	허순이 지음

시스템에서 추천하는 건강도서 리스트

No	도서명	분류	저자
1	비타민, 내 몸을 살린다	건강	정윤상 지음
2	물, 내 몸을 살린다	건강	장성철 지음
3	면역력, 내 몸을 살린다	건강	김윤선 지음
4	영양요법, 내 몸을 살린다	건강	김윤선 지음
5	온열요법, 내 몸을 살린다	건강	정윤상 지음
6	디톡스, 내 몸을 살린다	건강	김윤선 지음
7	생식, 내 몸을 살린다	건강	엄성희 지음
8	다이어트, 내 몸을 살린다	건강	임성은 지음
9	통증클리닉, 내 몸을 살린다	건강	박진우 지음
10	천연화장품, 내 몸을 살린다	화장품	임성은 지음
11	아미노산, 내 몸을 살린다	건강	김지혜 지음
12	오가피, 내 몸을 살린다	건강	김진용 지음
13	석류, 내 몸을 살린다	건강	김윤선 지음
14	효소, 내 몸을 살린다	건강	임성은 지음
15	호전반응, 내 몸을 살린다	건강	양우원 지음
16	블루베리, 내 몸을 살린다	건강	김현표 지음
17	웃음치료, 내 몸을 살린다	건강	김현표 지음
18	미네랄, 내 몸을 살린다	건강	구본홍 지음
19	항산화제, 내 몸을 살린다	건강	정윤상 지음
20	허브, 내 몸을 살린다	건강	이준숙 지음
21	프로폴리스, 내 몸을 살린다	건강	이명주 지음

No	도서명	분류	저자
22	아로니아, 내 몸을 살린다	건강	한덕룡 지음
23	자연치유, 내 몸을 살린다	건강	임성은 지음
24	이소플라본, 내 몸을 살린다	건강	윤철경 지음
25	건강기능식품, 내 몸을 살린다	건강	이문정 지음

01	내 몸을 살리는, 노니	건강	정용준 지음
02	내 몸을 살리는, 해독쥬스	건강	이준숙 지음
03	내 몸을 살리는, 오메가 3	건강	이은경 지음

내 몸을 살리는 시리즈(도서는 계속 출간됩니다)